C.H.BECK **WISSEN**

in der Beck'schen Reihe

Die deutsche Revolution von 1989/90 verlief in zwei Phasen. Nachdem die friedliche Revolution in der DDR die Herrschaft der SED zu Fall gebracht hatte, radikalisierte sie sich nicht, wie in Frankreich 1789 oder in Rußland 1917, sondern ging statt dessen in die geregelten Bahnen der deutschen Wiedervereinigung über. Am Ende trat die DDR der Bundrepublik bei, und die westdeutsche Ordnung wurde auf die neuen Länder übertragen.

Andres Rödder schildert in diesem Band konzise und anschaulich die Etappen der Wiedervereinigung, analysiert die weltpolitischen Rahmenbedingungen und stellt die treibenden Kräfte und Akteure vor. Auch die Frage nach dem Ort der Wiedervereinigung in der deutschen Geschichte nimmt diese vorzügliche Einführung abschließend in den Blick.

Andres Rödder ist Professor für Neueste Geschichte an der Universität Mainz. Er hat u. a. im «Oldenbourg Grundriss der Geschichte» den Band «Die Bundesrepublik Deutschland 1969– 1990» sowie bei C.H.Beck die große Darstellung «Deutschland einig Vaterland. Die Geschichte der Wiedervereinigung» (²2009) vorgelegt.

Andreas Rödder

GESCHICHTE DER DEUTSCHEN WIEDERVEREINIGUNG

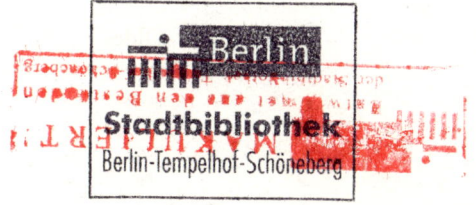

Verlag C.H.Beck

Originalausgabe
© Verlag C.H.Beck oHG, München 2011
Satz: Fotosatz Amann, Aichstetten
Druck und Bindung: Druckerei C.H.Beck, Nördlingen
Umschlagabbildung: Transparent von Eckart Conradt bei einer
Demonstration im Berliner Lustgarten am 9.12.1989 © DHM Berlin
Umschlagentwurf: Uwe Göbel, München
Printed in Germany
ISBN 978 3 406 62233 5

www.beck.de

Inhalt

I. Vorabend der Revolution

Die deutsche Revolution von 1989/90 verlief in zwei Phasen. Nachdem die friedliche Revolution in der DDR die Herrschaft der SED zu Fall gebracht hatte, radikalisierte sie sich nicht, wie es in Frankreich nach 1789 oder in Russland 1917 der Fall gewesen war. Stattdessen ging sie in die geregelten Bahnen der deutschen Wiedervereinigung über, indem die DDR der Bundesrepublik beitrat und die westdeutsche Ordnung auf die neuen Länder übertragen wurde. Dabei änderten sich im Übergang zwischen diesen beiden Phasen – darin wiederum anderen Revolutionen ähnlich – die treibenden Kräfte und Akteure.

Möglich wurde die deutsche Revolution, weil sich die weltpolitische Situation Ende der achtziger Jahre grundlegend änderte. Auch dies stand in einer historischen Tradition, war doch die deutsche Frage seit ihren Anfängen in den Napoleonischen Kriegen von den internationalen Rahmenbedingungen abhängig gewesen. Erst die politische Kräfteverschiebung in Europa um die Mitte des 19. Jahrhunderts im Gefolge des Krimkriegs hatte die Handlungsspielräume für die Reichsgründung von 1871 eröffnet. Und so wie die deutsche Teilung nach dem Zweiten Weltkrieg aus der Uneinigkeit der Siegermächte resultierte, die sich im Übergang zum Kalten Krieg nicht auf eine gemeinsame Lösung der deutschen Frage einigen konnten, so brachte erst der Zusammenbruch des Ostblocks wieder Bewegung in die deutsche Frage.

1. Das Ende des sowjetischen Imperiums

Das Ende des Ost-West-Konflikts ging auf Veränderungen in Moskau zurück, deren Auswirkungen freilich keineswegs geplant waren. Denn als Michail Gorbatschow am 11. März 1985 zum mächtigsten Mann der östlichen Welt bestimmt wurde, wollte er den Kommunismus retten. Tatsächlich setzte seine Politik aber einen Prozess in Gang, der binnen weniger Jahre den endgültigen Zusammenbruch der sowjetischen Herrschaft auslöste. Der neue Generalsekretär der Kommunistischen Partei war jünger als seine alten und kranken Vorgänger, gebildeter und weltläufiger als die typischen Vertreter der alten Riege, und er sah die schwere ökonomische Krise, in der sich die Sowjetunion befand. Daher verordnete er dem Land Reformen. Ihr Ziel war keineswegs, den Kommunismus abzuschaffen, sondern ihn zu retten und zu verbessern. Gorbatschow war weder ein ideologieentleerter Zyniker noch ein marktwirtschaftlicher Demokrat, sondern ein reformkommunistischer Idealist, dabei ebenso pragmatisch wie sprunghaft und in sich widersprüchlich.

«Perestroika» (Umgestaltung) war der zentrale Begriff der Reformpolitik, die freilich immer wieder unerwartete Folgewirkungen und Weiterungen zeitigte – wie im Falle der Kampagne gegen den Alkoholismus als Hauptverursacher des allgegenwärtigen Schlendrians am Arbeitsplatz. Nachdem die Herstellung und der Verkauf von Alkoholika eingeschränkt worden waren, nahm stattdessen die private Schwarzbrennerei sprunghaft zu, während die Zuckervorräte knapp wurden und das Defizit im Staatshaushalt wegen der ausbleibenden Steuereinnahmen anstieg.

Um Eigenverantwortung und individuelle Leistung zu stärken, wurde eine Flut von Gesetzen zur marktwirtschaftlichen Reform der sozialistischen Wirtschaftsordnung erlassen, die sich allerdings nicht zu einem zusammenhängenden Konzept verbanden. Vielmehr unterhöhlten die Reformmaßnahmen die Grundlagen der zentralen Planwirtschaft und des politischen Systems. Teilweise brach blankes Chaos aus: Versorgungsengpässe und Schwarzmarkt, galoppierende Inflation und Streiks deuteten darauf hin, dass die Reformen eine von Gorbatschow und den Reformern nicht erwartete Eigendynamik gewannen.

Dies blieb nicht auf den wirtschaftlichen Bereich beschränkt, denn anders als in China gingen die ökonomischen Reformen mit einer gesellschaftlich-politischen Öffnung einher. «Glasnost» – die Herstellung von Transparenz, Offenheit und Öffentlichkeit – lief auf Demokratisierungsmaßnahmen hinaus, die das Herrschaftsmonopol der Kommunistischen Partei aufweichten, und erfasste auch das staatlich verordnete Geschichtsbild. Als die Geschichtsdebatte auch auf Lenin und die Anfänge der Sowjetunion übersprang, war die Axt an die Wurzeln der sowjetischen Staatsideologie gelegt. Die Reformen gerieten außer Kontrolle.

Die Reformpolitik brauchte dringend Entlastung. Und überlastet war die Sowjetunion vor allem nach außen. Sie hatte sich im Ost-West-Konflikt mit ihrem militärisch-industriellen Komplex, mit der Herrschaft über ihre Satellitenstaaten in Ostmittel- und Südosteuropa sowie mit dem Krieg in Afghanistan gigantische Kosten aufgeladen, die immer noch weiter zu wachsen drohten.

1988 ordnete Gorbatschow den Rückzug der sowjetischen Truppen aus Afghanistan an. Zugleich setzte er auf Entspannung mit dem Westen; eine abrüstungspolitische Offensive hatte bereits im Dezember 1987 zu einem Abkommen mit den USA über den vollständigen beiderseitigen Abbau der atomaren Mittelstreckenraketen geführt – über deren Stationierung Ost und West keine zehn Jahre zuvor in einen «zweiten Kalten Krieg» (Fred Halliday) geraten waren. Schließlich verkündete Gorbatschow anstelle des unüberbrückbaren Gegensatzes der Ideologien die Vision vom «Haus Europa», in dem verschiedene Systeme unter einem gemeinsamen Dach Platz finden sollten. Vor den Vereinten Nationen in New York sprach er Ende 1988 von einer «Entideologisierung der zwischenstaatlichen Beziehungen», von der «Verbindlichkeit des Prinzips der freien Wahl» und vom Verzicht auf die «Anmaßungen auf unangefochtene Wahrheit» sowie auf Gewalt und Gewaltandrohung.

Dies war nicht weniger als ein epochaler Wandel des Sowjetkommunismus, der seit 1917 den weltrevolutionären Anspruch auf universelle Verbreitung und Gültigkeit erhoben hatte. Von schlechterdings grundstürzender Bedeutung war er vor allem für die ostmittel- und südosteuropäischen Staaten des Warschauer Pakts, denn gerade sie waren auf den sowjetischen

Kommunismus im Innern und auf die sowjetische Vormacht nach außen verpflichtet worden. Und für den Fall des Abweichens hatte die Breschnew-Doktrin militärische Intervention angedroht, wie sie in der DDR 1953, in Ungarn 1956 und in der Tschechoslowakei 1968 auch vollzogen worden war.

Nun verkündete Gorbatschow Wahlfreiheit und Gewaltverzicht, und Anfang Juli 1989 beschlossen die Regierungschefs der Warschauer-Pakt-Staaten ganz formell, dass «jedes Volk selbst das Schicksal seines Landes bestimmt und das Recht hat, selbst das gesellschaftspolitische und ökonomische System, die staatliche Ordnung, die es für sich als geeignet betrachtet, zu wählen». Was dies konkret bedeutete, war für die Zeitgenossen freilich weniger klar, als es aus der Rückschau erscheint. Von «Selbstbestimmung» war auch schon früher die Rede gewesen, aber wie sie sich mit dem leninschen Geist vertragen sollte, von dem Gorbatschow ebenfalls sprach, war ebenso wenig klar wie die Antwort auf die Frage, ob sie nur für die kommunistischen Parteien oder für die gesamte Bevölkerung gelten solle. Angesichts der beinahe zwei Generationen während Erfahrungen mit der sowjetischen Herrschaft blieb bis weit in den Herbst des Jahres 1989 hinein ein großer Rest an Unsicherheit, wie der Kreml wirklich reagieren würde, wenn die Machtfrage gestellt wurde.

Die Antwort lautete schließlich: praktisch gar nicht, jedenfalls nicht außerhalb der sowjetischen Grenzen. Nachdem seine Reformpolitik den welthistorischen Umbruch erst möglich gemacht hatte, reagierte Gorbatschow in dem Moment, da ihm die Kontrolle über den Prozess entglitt und dieser auf das Gegenteil des Gewollten zusteuerte, mit einer zweiten Entscheidung von historischer Tragweite: dem «spektakulären Nicht-Gebrauch von Gewalt» (Vladislav Zubok). Nun spricht manches dagegen, dass eine militärische Intervention 1989 überhaupt eine realistische Option dargestellt hätte: Sie wäre höchst riskant gewesen, und was hätte Moskau gewinnen wollen? Dennoch war eine Entladung von Gewalt, zumal nach den historischen Erfahrungen und angesichts der gewaltsamen Niederschlagung der chinesischen Opposition im Juni 1989, keineswegs ausgeschlossen – im Gegenteil, der weitgehend friedliche Zusammenbruch des sowjetischen Imperiums war das eigentliche Mirakel von 1989/90.

Gorbatschow war vollauf mit den ständig wachsenden Problemen innerhalb der Sowjetunion beschäftigt, und zugleich mangelte es ihm an einer realistischen Situationsanalyse ebenso wie an einer klaren Perspektive. Sein Berater Anatoli Tschernjajew notierte im Frühjahr 1989: «Er hat keine Vorstellung, wohin wir gehen. Seine Erklärungen über sozialistische Werte, die Ideale des Oktober, die er abzuhaken beginnt, klingen für die Experten wie Ironie. Hinter ihnen – Leere.» Offenkundig war die Reformpolitik mit frappierender Naivität im Hinblick auf ihre Folgewirkungen angegangen worden. Gorbatschow hatte erwartet, dass die Staaten des sowjetischen Machtbereichs ihre Freiheit nutzen würden, um seinem Beispiel kommunistischer Reformen zu folgen. Stattdessen schafften sie den Kommunismus ab und sagten sich von Moskau los.

Den Anfang machten die Polen. Nachdem die gewerkschaftlich-katholische Oppositionsbewegung noch 1981 von den herrschenden Kommunisten gewaltsam unterdrückt worden war, erwachte Solidarność in der Ära von Glasnost und Perestroika alsbald wieder. Als die Warschauer Regierung Anfang 1988 zum wiederholten Male Preiserhöhungen verfügte, brachen wenig später wilde Streiks aus. Da die polnische Führung keine Rückendeckung aus Moskau zu erwarten hatte und nicht bereit war, erneut das Kriegsrecht zu riskieren, führte kein Weg mehr an der Opposition vorbei.

Die kommunistische Partei musste sich mit der Opposition an einen «Runden Tisch» setzen, und im Juni fanden Neuwahlen zum Sejm statt. Es waren zwar nur eingeschränkt freie Wahlen, weil die bisherige Staatspartei sich ein Kontingent der Sitze vorbehalten hatte. Im frei wählbaren Anteil jedoch erzielte die wieder zugelassene Solidarność überragende Erfolge, und in den tatsächlich freien Wahlen zum wieder eingeführten Senat gewann sie gar 99 von 100 Sitzen. Die Opposition verfügte wenn auch nicht über eine Parlamentsmehrheit, so doch über eine überwältigende Legitimation, die dem Regime vor aller Augen versagt worden war. Im August 1989 wurde Tadeusz Mazowiecki als erster nichtkommunistischer Ministerpräsident vereidigt, und als im Januar 1990 die kommunistische Partei aufgelöst wurde, war Polen bereits kein kommunistischer Staat mehr.

Neben Polen trieb auch Ungarn den Untergang des sowjetischen Imperiums voran. Hier allerdings erwuchs die Krise der kommunistischen Herrschaft aus der regierenden Partei selbst heraus. Die Ungarische Sozialistische Arbeiterpartei hatte bereits im Januar 1989 auf ihre verfassungsmäßig garantierte Führungsrolle verzichtet. Bevor sie sich Anfang Oktober spaltete, hatte die ungarische Regierung etwas Unerhörtes getan: Am 11. September hatte sie die Grenze nach Österreich geöffnet und damit die Krise in der DDR erheblich verschärft. Als im November und Dezember auch die kommunistische Herrschaft in der Tschechoslowakei und in Rumänien zusammenbrach, war das SED-Regime in Ost-Berlin bereits am Ende.

2. Strukturprobleme der DDR

Das Ende der sowjetischen Herrschaft war die erste von drei Ursachen für den Untergang des SED-Regimes in der DDR, wenn man Ursachen als veränderliche Umstände versteht, ohne die ein Vorgang nicht möglich wäre. «Erich, ich sage dir offen, vergesse das nie», so hatte Leonid Breschnew im Juli 1970 zu Erich Honecker gesagt: «die DDR kann ohne uns, ohne die SU, ihre Macht und Stärke nicht existieren. Ohne uns gibt es keine DDR.» Freilich entstand daraus kein Automatismus, denn durch Gorbatschows Widerruf der Breschnew-Doktrin und die Abschaffung der sowjetischen Bestandsgarantie war die Herrschaft der SED noch nicht zusammengebrochen. Dafür bedurfte es zweitens der Oppositionsbewegung, die 1989 sprunghaft an Zahl und Stärke gewann. Sie traf – drittens – auf eine überalterte, in orthodoxem DDR-Sozialismus erstarrte Führung, die gar nicht verstand, was um sie herum geschah, und die kaum zu reagieren vermochte.

Diese variablen Umstände trafen auf drei strukturelle Voraussetzungen, die für die SED mit sowjetischer Unterstützung beherrschbar gewesen waren, unter den neuen Umständen nun aber virulent wurden: erstens die mangelnde Legitimität des SED-Regimes und mithin des gesamten Staates bei der Mehrheit der Bevölkerung, zweitens die permanente Präsenz der Bundesrepublik als eines freiheitlich-demokratischen und wohlhabenden Gegenbildes in der DDR und drittens die Probleme einer dysfunktionalen Planwirtschaft und der Versorgungsmängel, die im Laufe der achtziger Jahre deutlich zunahmen.

Zu den indigenen Funktionsschwächen der zentralen Planwirtschaft kamen seit dem Amtsantritt Erich Honeckers als Generalsekretär der SED 1971 die wachsenden Lasten aus dem Vorrang der Sozial- vor der Wirtschaftspolitik hinzu, mit der die SED unter der Parole «Einheit von Wirtschafts- und Sozialpolitik» hoffte, die Loyalität der Bevölkerung zu gewinnen, und von der Egon Krenz, Mitglied des Politbüros und Honeckers Kronprinz, im Mai 1989 sagte: «Sie muss fortgeführt werden, denn sie ist ja der Sozialismus in der DDR!» Sie umfasste ein Bündel von Sozialleistungen, vom Wohnungsbau über die Subventionierung von Lebensmitteln und öffentlichen Verkehrsmitteln bis zum Erholungswesen, einschließlich der Finanzierung des Rechts auf Arbeit durch unproduktive Beschäftigungsstrukturen. Ihr Problem war freilich von Anfang an die Finanzierbarkeit, denn die Wirtschaftskraft der DDR blieb stets hinter den hohen Erwartungen und vor allem weit hinter derjenigen der Bundesrepublik zurück – die Arbeitsproduktivität betrug, wie sich im Nachhinein herausstellte, weniger als 30 Prozent der westdeutschen.

Anfang der achtziger Jahre mehrten sich zudem die ökonomischen Schwierigkeiten innerhalb des sowjetischen Machtbereichs, als Moskau die Öllieferungen an die Verbündeten drosselte, während die Rohölpreise auf dem Weltmarkt stiegen und obendrein die Kreditzinsen hoch waren. Dadurch geriet die DDR in eine akute Liquiditätskrise, die nur durch zwei bundesdeutsche Kredite in Höhe von 1,95 Milliarden D-Mark überwunden werden konnte. Zugleich stieg die Auslandsverschuldung steil an. Um die dringend benötigten Devisen zu beschaffen, beschritt die DDR-Führung immer verstiegenere Wege: sei es durch Verkäufe von Blutkonserven in den Westen, durch Import von Müll aus der Bundesrepublik, durch Abschöpfung der privaten Devisenbestände über die Intershop-Läden in der DDR oder durch den regelrechten «Verkauf» von politischen Häftlingen an die Bundesrepublik.

Darüber hinaus sah sich die DDR gezwungen, um jeden Preis, selbst unter Herstellungskosten, in den Westen zu exportieren. Die Devise «Liquidität vor Rentabilität» führte in einen Teufelskreis, denn darüber wurden Investitionen vernachlässigt und der Kapitalstock wurde verschlissen. Am Vorabend der Revolution waren die Produktionsanlagen völlig veraltet und die Bausubstanz verfiel, das Straßen- und das Schienennetz, auf dem technisch rückständige Autos und vernachlässigte Züge verkehrten, und die Kommunikationsnetze befanden sich auf dem Niveau der Vorkriegszeit, und die Umwelt litt unter schwersten Belastungen, vor allem durch die allenthalben riechbare Verfeuerung von Braunkohle.

Mit den Innovationen blieb auch der gesamtwirtschaftliche Strukturwandel zurück, der in den westlichen Industrienationen seit den fünfziger Jahren stattgefunden hatte. Stattdessen blieb die DDR weitgehend auf einer verfallenden Stufe der ökonomischen Entwicklung stehen, geprägt durch Schwerindustrie und Landwirtschaft mit hohem Beschäftigungsgrad – Branchen, die in der Bundesrepublik wie im gesamten Westen durch den Strukturwandel hin zu einem größeren Dienstleistungssektor über Jahrzehnte erheblich reduziert worden waren. In den achtziger Jahren verlor die DDR endgültig den Anschluss an die technologisch-ökonomische Entwicklung, wobei die Führung der DDR die Bedeutung der mikroelektronischen Revolution durchaus erkannt hatte. So legte die DDR ein staatliches Programm auf, das der stürmischen Entwicklung in den westlichen Industrienationen allerdings nicht folgen konnte. Das mikroelektronische Projekt der DDR endete als gigantische Investitionsruine und verschärfte die Probleme abermals. Und die Mikroelektronik war nur ein Beispiel dafür, dass es der DDR-Wirtschaft grundsätzlich und mehr denn je an weltmarktfähigen Produkten und dem zugehörigen ökonomischen und technologischen Wissen mangelte.

Lag im Verschleiß des Kapitalstocks das strukturelle Hauptproblem der DDR-Wirtschaft, so stand akut die Auslandsverschuldung im Mittelpunkt. Dabei war die Verschuldungssituation weniger bedrohlich als Anfang der achtziger Jahre. Hinter der Überschuldung der DDR jedoch zeichnete sich die Gefahr der Zahlungsunfähigkeit ab, und die wollte die DDR-Führung um jeden Preis vermeiden, um nicht unter das für den Sozialismus tödliche Diktat westlicher Finanzaufsicht zu geraten. Umso niederschmetternder wirkte daher der Satz, den Gerhard Schürer, Vorsitzender der Staatlichen Plankommission, in einer zunächst vertraulichen «Analyse der ökonomischen Lage der DDR mit Schlussfolgerungen» Ende Oktober 1989 schrieb: «Allein ein Stoppen der Verschuldung würde im Jahr 1990 eine Senkung des Lebensstandards um 25–30 % erfordern und die DDR unregierbar machen.»

Schon vorher freilich wuchs der Unmut über die Versorgungslage in der ostdeutschen Gesellschaft und verband sich mit einer wachsenden allgemeinen Unzufriedenheit. Da seit dem Bau der Berliner Mauer im August 1961 der Weg versperrt war, die DDR zu verlassen, hatte sich die Mehrheit der Bevölkerung mit dem Vorgegebenen arrangiert, allerdings in einer eigentümlichen Spaltung der Lebensführung. Im öffentlichen Raum praktizierten die meisten Ostdeutschen Konformität, während sie sich getrennt davon Parallelwelten privater Rückzugsräume und begrenzter Autonomie schufen.

Mit der Verschlechterung der Versorgungslage zerfiel diese Form von «Normalisierung» (Mary Fulbrook). Während sich einerseits zunehmende Resignation breitmachte, hielt der Direktor des Leipziger Zentralinstituts für Jugendforschung 1988 in einer internen Expertise fest: Die Menschen forderten zunehmend «Anerkennung ihrer Ansprüche und Persönlichkeit», ihrer Individualität und Selbstbestimmung und auch «Lebensgenuss» ein und wendeten sich gegen entmündigende «Bevormundung». Dies war dem Wertewandel nicht unähnlich, der sich in den westlichen Gesellschaften seit den sechziger Jahren vollzogen hatte, und er war auch, so Walter Friedrich, aus dem Westen über die Grenzen geschwappt.

Darin wiederum lag, wie bereits erwähnt, ein weiteres Strukturproblem der DDR: die ständige Präsenz der Bundesrepublik als Gegenbild zur DDR, vor allem durch das Westfernsehen. Vergleichsmaßstab für die Ostdeutschen waren daher nicht die anderen Staaten des Warschauer Paktes, unter denen die DDR das wohlhabendste Land war, sondern die reiche und gerade am Ende der achtziger Jahre boomende Bundesrepublik, der gegenüber die Versorgungsmängel und der niedrige Lebensstandard scharf ins Auge stachen.

Westliche Lebensformen infiltrierten die DDR, vor allem als unerfüllte Verheißung. So stieg die Zahl der Ausreiseanträge, trotz der für den Einzelnen zu erwartenden Repressionen, in den achtziger Jahren sprunghaft an: von 21 500 im Jahr 1980 auf über 110 000 acht Jahre später. Dass die DDR-Führung in höherer Zahl Ausreisen genehmigte, öffnete dabei kein Ventil, sondern verstärkte den Druck, anstatt ihn abzulassen.

Die Herrschaft der SED war nie durch freie Wahlen legitimiert worden – wozu auch: die Partei erhob den Anspruch, immer Recht zu haben. Darin lag ihr antipluralistischer, totalitärer Kern, und daher wurde Dissens nicht als Opposition geduldet, sondern als Abweichung unterdrückt: «Feind ist, wer anders denkt», lautete die Devise des Ministeriums für Staatssicherheit, das zu diesem Zweck immer weiter ausgebaut worden war.

Repression war die eine Seite des SED-Regimes; zugleich aber suchte es auch die Zustimmung der Bevölkerung, und daher wurde Konformität belohnt: durch gesellschaftliche Aufstiegschancen und vor allem durch eine allumfassende soziale Sicherung, wenn auch auf – im Vergleich zur Bundesrepublik – niedrigem Niveau. Daher stellte die Verschlechterung der Versorgungslage ein echtes Legitimationsproblem dar. Vor diesem Hintergrund heischte die SED-Führung nach Bestätigung, und so wurden die Kommunalwahlen am 7. Mai 1989 zu einem Legitimationsbeweis hochstilisiert. Die Ergebnisse waren dann wie üblich gefälscht. Blieben schon die offiziell verkündeten 98,85 Prozent unter der sonst üblichen 99-Prozent-Marke, so lag der tatsächliche Anteil der Gegenstimmen – bei nicht geheimer Wahl – zwischen 10 und 20 Prozent. Dies war die Initialzündung für die Opposition, die sich im Gefolge der Kommunalwahlen neu und breiter formierte als je zuvor.

3. Oppositionsbewegung und Führungskrise

Oppositionelle sammelten sich in den achtziger Jahren vor allem im Umfeld der evangelischen Kirchen, zunächst als Friedens-, Umwelt- und Menschenrechtsgruppen, in der zweiten Hälfte des Jahrzehnts dann, unter dem Eindruck von Gorbatschows Reformpolitik, als Demokratiebewegung. Mit einem Mobilisierungspotential von höchstens 5000 Personen war sie vorderhand keine wirkungsvolle politische Kraft. Nichtsdestoweniger fürchtete das Regime, so der stellvertretende Minister für Staatssicherheit im Jahr 1985, einen «Durchbruch im Sinne des politischen Pluralismus nach bürgerlichem Muster im Sinne der sogenannten Liberalisierung und Destabilisierung der politischen Machtverhältnisse», wenn es «auch nur einer dieser Gruppierungen» gelänge, «sich als legale Einrichtung zu etablieren». Daher versuchte die Staatsmacht, die oppositionellen Gruppen von innen her zu zersetzen, und griff spätestens angesichts der wachsenden Präsenz oppositioneller Kräfte seit Ende 1987 zu verschärfter Unterdrückung.

Diese ließen sich allerdings je länger, je weniger entmutigen – im Gegenteil. Am Tag der Kommunalwahlen zogen kritische Bürger in den Wahllokalen auf, um den Wahlvorgang und vor allem die Stimmenauszählung systematisch zu beobachten. Nach Verkündung des offiziellen Ergebnisses monierten die Bürgerrechtler Abweichungen von den Zahlen, die in den Wahllokalen verkündet worden waren. Einsicht in die Protokolle des Wahlverlaufs gewährten amtliche Stellen nicht: «Das ist allein unsere Sache, das geht nun wirklich nicht. Ein Fünkchen Vertrauen müssen Sie schon in uns haben!»

Davon freilich konnte keine Rede sein. Die Bürgerrechtler reagierten mit neuen Methoden: mit Protestresolutionen, Strafan-
zeigen wegen Wahlfälschung und kleineren Demonstrationen.
Altbekannt hingegen waren die Maßnahmen der Staatsmacht:
«Anzeigen, die nach § 211 Strafgesetzbuch erstattet werden,
sind ohne Kommentar entgegenzunehmen. Nach Ablauf der
vorgesehenen Fristen für die Anzeigenbearbeitung ist von den
jeweils zuständigen Organen zu antworten, dass keine Anhalts-
punkte für den Verdacht einer Straftat vorliegen. [...] Beschwer-
den gegen die getroffenen Entscheidungen sind [...] abschlägig
zu entscheiden.» Vielmehr sei für «die gründliche operative
Durchdringung feindlicher, oppositioneller und anderer negati-
ver Personenkreise» zu sorgen, um bei «Vorliegen der entspre-
chenden Voraussetzungen [...] operative Personenkontrollen
durchzuführen bzw. diese Personen in operativen Vorgängen zu
bearbeiten». Neu war wiederum, dass es damit nicht getan war.

Die Kommunalwahlen wirkten als Initialzündung für eine
neue und breitere Formierung der Opposition in der DDR. Es
waren zumeist langjährige Aktivisten, von denen die Bildung
einzelner Initiativgruppen ausging, die dann im August zur politischen Vereinigung aufriefen. Im September und Oktober folgte schließlich die formelle Gründung oppositioneller Gruppen,
in denen in besonderem Maße Theologen und Pfarrer sowie
Angehörige der künstlerischen und Intelligenzberufe vertreten
waren.

Zur wichtigsten Organisation in dieser Phase avancierte das
«Neue Forum», das bewusst nicht als politische Partei, sondern
als «politische Plattform» für die innergesellschaftliche Diskussion angelegt war. Gegründet am 9. und 10. September in Grün-
heide bei Berlin, versammelte das Neue Forum vor allem Intellektuelle wie die Malerin Bärbel Bohley, den Arzt und Moleku-
larbiologen Jens Reich oder den Rechtsanwalt Rolf Henrich.
Nachdenklich und unpolemisch war der Gründungsaufruf vom
10. September gehalten: «In unserem Lande ist die Kommunikation zwischen Staat und Gesellschaft offensichtlich gestört.»
Daher bedürfe es «eines demokratischen Dialogs über die Aufgaben des Rechtsstaates, der Wirtschaft und der Kultur», der

«in aller Öffentlichkeit, gemeinsam und im ganzen Land» zu führen sei. Dies war zunächst nicht wirklich revolutionär gedacht. Sobald die SED reformiert sei, sagte Bärbel Bohley, könne «sich das Neue Forum auflösen». Zuerst aber musste es überhaupt zugelassen werden. Der Antrag wurde am 19. September gestellt und – auf Veranlassung des Politbüros – umgehend abgelehnt. Trotz erheblicher Versuche von staatlicher Seite ließen sich die Erstunterzeichner aber nicht einschüchtern; sie stießen vielmehr auf rasch wachsende Zustimmung und Solidarisierung in der Bevölkerung.

Zu dieser Solidarisierungswelle trugen nicht zuletzt die Westmedien bei. Die Informationen aus dem Westen unterliefen die Kontrolle der Öffentlichkeit durch das SED-Regime, und sie sorgten zugleich für die wachsende Verbreitung der Bewegung innerhalb der DDR. Auf diesem Wege traten bestimmte Schlagworte besonders hervor, die Opposition, ihre Ziele und ihre Mittel wirkten einheitlicher, als sie tatsächlich waren, und das Neue Forum gewann besondere Prominenz gegenüber den anderen Gruppen, die sich zeitgleich formierten.

«Demokratie Jetzt», getragen vor allem von dem Physiker Hans-Jürgen Fischbeck, dem Kirchenhistoriker Wolfgang Ullmann und dem Dokumentarfilmregisseur Konrad Weiß, verfolgte einen christlich-sozialistischen Ansatz mit einer zivilisationskritischen Komponente. Die Bewegung trat zunächst für einen demokratisch reformierten DDR-Sozialismus als Gegenentwurf zur westlichen Konsumgesellschaft ein. Der «Demokratische Aufbruch» ging aus einer seit Juli aktiven Initiativgruppe um die Theologen und langjährigen Oppositionellen Rainer Eppelmann, Edelbert Richter, Erhard Neubert und Friedrich Schorlemmer hervor, stand zunächst dem Neuen Forum und Demokratie Jetzt politisch nahe, wobei er, wie Demokratie Jetzt, konkreter auf politisches Handeln ausgerichtet war als das Neue Forum. Auch im Falle der «Sozialdemokratischen Partei» in der DDR ging die Organisation auf eine «Initiativgruppe» zurück, die Ende Juli 1989 von den evangelischen Theologen Martin Gutzeit und Markus Meckel gegründet wurde. Als die ostdeutschen Sozialdemokraten am 7. Oktober ihr

Programm verabschiedeten, verstanden sie ihre Organisation dezidiert als politische Partei. Schon mit ihrem Namen bezog sie offen Front gegen die SED, stellte dieser doch deren historischen Legitimationsanspruch als vereinigte Arbeiterpartei grundsätzlich in Frage.

Einig waren die Oppositionsgruppen in der Forderung nach Partizipation und Menschenrechten, vor allem Meinungs-, Versammlungs- und Vereinigungsfreiheit, in der Idee einer rechtsstaatlich-partizipatorischen Bürgergesellschaft, die sie dem SED-Staat mit seinem über der Gesellschaft stehenden Lenkungsanspruch der einen Partei gegenüberstellten. Über die konkrete Ausgestaltung traten freilich alsbald deutliche Differenzen auf.

Weniger nachdrücklich artikulierten die Oppositionsgruppen die Forderung nach Reisefreiheit, obgleich die Massenflucht über die sozialistischen Nachbarländer bereits eingesetzt hatte. Hier zeichnete sich ein Graben zwischen dem Hauptstrom der Oppositionsbewegung und der Masse der Bevölkerung ab, der zu den wesentlichen Momenten dieses deutschen Herbstes zählt. Dasselbe gilt auch für die Vorstellungen der Opposition von einem demokratischen Sozialismus auf dem Boden der Zweistaatlichkeit. Nur dies lag freilich zunächst innerhalb des politisch Denkbaren und des öffentlich Kommunizierbaren – eine Abschaffung der DDR und eine deutsche Wiedervereinigung stand bis in den November 1989 hinein nicht auf der Tagesordnung.

Als sich die Opposition formierte, sah es allerdings zunächst nicht so aus, als würde sie das Regime direkt gefährden können. Als «amateurhaft» empfand der Ständige Vertreter der Bundesrepublik einen Auftritt Bärbel Bohleys in der Ost-Berliner Gethsemanekirche, und überhaupt beurteilte er das Verhalten der Initiativgruppen als «weit entfernt [...] von effektiver Oppositionsarbeit». Gerade in ihrer vermeintlich unprofessionellen Nachdenklichkeit jedoch wirkte die sich formierende Bewegung authentisch, und zugleich unterlief sie die Abwehrmechanismen des SED-Regimes mit seinen Feindbildern eines Angriffs durch den «Klassenfeind».

Ende der achtziger Jahre geriet die SED von drei Seiten unter
Druck: wie ehedem von Westen, nun aber auch von Osten – aus
der Sowjetunion – und schließlich aus der eigenen Bevölkerung.
Die Parteiführung reagierte auf diese Situation mit Orthodoxie
und Reformverweigerung: Perestroika sollte es in der DDR
nicht geben. Das war nicht ohne Logik, denn man war sich der
Gefahren wohlbewusst, die der sowjetische Reformkurs für die
sozialistischen Regime allgemein und für die DDR im Besonderen mit sich brachte. «Wenn sich die ökonomische Basis kapita-
listisch gestaltet», so der Vorsitzende des Gewerkschaftsbundes
Harry Tisch, «kann sich der sozialistische Überbau nicht hal-
ten.» Zudem hing in der DDR, anders als in allen anderen Staaten des sowjetischen Machtbereichs, an der sozialistischen Ideologie nicht nur eine Regierungs- oder Staatsform, sondern der
gesamte Staat. Die Staatspartei stand vor einem Dilemma: Reformen gefährdeten den SED-Staat ebenso wie Reformverweigerung – und sie war nicht fähig, einen dritten Weg zu finden.

Stattdessen verabschiedete sich der 76-jährige Erich Honecker zunehmend in eine Scheinwelt, wie er sie im Mai 1989 dem
polnischen Staatsratsvorsitzenden Jaruzelski präsentierte: Zwischen Januar und April 1989 habe allein das Nationaleinkom-
men der DDR um 4,1 Prozent zugenommen und die Arbeitsproduktivität um 6 Prozent. «Er habe noch nie eine solche Demonstration von Freude und Zuversicht erlebt» wie am 1. Mai
1989, und daher wies er weit von sich, was «uns feindlich ge-
sinnte Kräfte» empfählen, nämlich «ebenso wie in der Sowjetunion eine grundlegende Umgestaltung der Gesellschaftsordnung vorzunehmen». Auch im Verhältnis zur Bundesrepublik
sitze die DDR «am längeren Hebel».

Im Sommer 1989, als sich die Krise zuspitzte, fiel Honecker
infolge von Gallenkoliken sowie einer Gallen- und Darmopera-
tion fast drei Monate lang aus. Um jede Gefährdung seiner Position zu vermeiden, teilte er seine Vertretung zwischen Egon
Krenz und Günter Mittag auf – und lähmte damit die Führungs-
spitze der Partei zusätzlich. Dort herrschte freilich einstweilen
vermeintlich Normalität. Detailliert beschäftigte sich das Politbüro, immerhin das zentrale politische Entscheidungsgremium

des Landes, mit dem neu entwickelten Mokick S 51/1 und mit der Versorgung mit Telefonen, Dachpappe und Büstenhaltern. Die aufkommende Opposition in der DDR wurde in den klassischen Feindbildern und Sprachmustern als «feindliche oppositionelle Zusammenschlüsse» des «Gegners» vor allem aus «reaktionären kirchlichen Kreisen» wahrgenommen.

Den «hinterhältigen feindlichen Angriffen der Feinde der DDR» wurde auch die Schuld an der zunehmenden Unruhe im Land gegeben, als das Politbüro die Lage am 29. August dann doch einmal debattierte. Wenn Ministerpräsident Willi Stoph die Lösung schließlich darin sah, «die Versorgung in Ordnung [zu] bringen» und die Öffentlichkeitsarbeit «vielseitiger» zu gestalten, so hatte er die Dimension der Probleme überhaupt nicht erkannt. Vielmehr herrschte im Politbüro auch Ende August noch die unerschütterte Überzeugung, die Situation im Griff zu haben. «Den Sozialismus in seinem Lauf hält weder Ochs noch Esel auf», so erinnerte Erich Honecker Mitte August, als er kurz nach Berlin zurückkam, an die «alte Erkenntnis der deutschen Arbeiterbewegung».

Eine konstruktive Strategie gegenüber der anschwellenden Krise konnte daraus nicht erwachsen, und auch zu einer entschlossenen Unterdrückung der Bewegung mit Hilfe der bewaffneten Kräfte fand sich die politische Führung nicht bereit. Vielmehr deutete Günter Mittag die in den folgenden Wochen so charakteristische Hilflosigkeit der Partei- und Staatsführung an: «Ich möchte auch manchmal den Fernseher zerschlagen, aber das nützt ja nichts.»

Und die Staatssicherheit, «Schild und Schwert» der Partei, die das gesamte Land flächendeckend überwachte? In der Tat erfasste sie die Lage sehr viel früher und realistischer als die Parteiführung. Zugleich aber konnten die Akteure der Staatssicherheit ein grundlegendes Unverständnis gegenüber der aufkommenden Bewegung nicht überwinden – schon allein sprachlich: Auch sie bezeichneten die Oppositionsgruppen in ihren Berichten mit hergebrachten Sprachformeln als «feindlich-negative», gar «konterrevolutionäre» Kräfte, als «Provokateure» und «Zusammenrottungen» von «Rowdys». Diese Muster der

Wahrnehmung, des Denkens und des Redens entsprachen immer weniger der tatsächlichen Entwicklung, und gerade an der Spitze tat sich eine immer größere Kluft auf. Dies stellte Erich Mielke in einer Dienstbesprechung mit Führungskräften der Staatssicherheit am 31. August nachdrücklich unter Beweis, als er sich Gedanken über die Gründe der Flüchtlingsbewegung aus der DDR machte: «Warum, also sie anerkennen die Vorzüge des Sozialismus und alles, was der Sozialismus bietet an Vorzügen, aber trotzdem wollen sie dann weg, weil das betrachten sie als Selbstverständlichkeit und gehen darüber hinweg und kommen dann mit allen möglichen anderen Gründen, die sie vorschieben; deshalb wollen sie weg. Wie ist da die Auswirkung, wie sind da die Auswirkungen unserer Arbeit? Ich meine nicht unserer Staatssicherheit bloß, sondern die politische Einwirkung. Wir wollen ja hier etwas finden und wollen suchen und finden, was wir vorschlagen können, was noch verbessert werden muss […] Naja gut, danke. Es ist natürlich schwer.»

Die Staatssicherheit war nicht in der Lage, die Sicherheit des Staates zu gewährleisten – im Gegenteil. Um sie zu überwachen, beteiligten sich Kräfte der Staatssicherheit an der Oppositionsbewegung, und in der Tat war das MfS bestens informiert. Statt aber die zu bekämpfende Bewegung zu zersetzen, wirkten seine Inoffiziellen Mitarbeiter, um nicht aufzufallen, an den Entwicklungen mit, die sie gerade verhindern sollten. Somit trug die Staatssicherheit schließlich selbst zum Einsturz des Systems bei, das sie erhalten wollte. Sie versagte in dem Moment, für den der gesamte pathologisch überdimensionierte Apparat überhaupt geschaffen worden war.

II. Friedliche Revolution

1. Flüchtlingskrise

Bevor die Bürgerbewegung das SED-Regime in der DDR zu Fall brachte, kam die Entwicklung auf anderen Wegen – im wörtlichen Sinne – in Gang: über die Ausreisebewegung und über Ungarn. Das südosteuropäische Land hatte bereits am 2. Mai 1989 begonnen, seine Grenzsperren nach Österreich abzubauen. Dies erschien zunächst weniger sensationell, als es in der Rückschau aussieht: weder wurden nämlich die Grenzen geöffnet noch die Kontrollen beseitigt. Vielmehr blieben die Regelungen in Kraft, denen zufolge DDR-Bürger nicht über Ungarn in den Westen ausreisen durften: Versuchten sie, über Ungarn zu fliehen und wurden sie dabei aufgegriffen, so wurden sie mitsamt den Ermittlungsakten an die DDR ausgeliefert und dort als «Republikflüchtlinge» behandelt, was in der Regel eine mehrjährige Gefängnisstrafe zur Folge hatte.

Diese Praxis wurde im Laufe des Jahres 1989 zunehmend gelockert. Aufgegriffene Flüchtlinge wurden nicht mehr automatisch und mit entsprechendem Passvermerk an die DDR ausgeliefert. Virulent wurden diese Fragen mit der Feriensaison, als Urlauber aus der DDR wie in jedem Jahr in großer Zahl nach Ungarn strömten. Über hundert versuchten, ihre Ausreise über die Botschaft der Bundesrepublik in Budapest zu erzwingen. Auf mehrere tausend hingegen wurde die Zahl derjenigen Ostdeutschen in Ungarn geschätzt, die zwar nicht in die Botschaft kamen, aber auch nicht in die DDR zurückkehren wollten.

In dieser Situation wurde bekannt, dass in Sopron an der ungarisch-österreichischen Grenze ein «Paneuropäisches Picknick» veranstaltet und ein Grenztor symbolisch geöffnet werden sollte. 661 Menschen flohen bei dieser Gelegenheit am 19. August nach Österreich – es war das erste jener dramatischen Ereignisse, die schließlich im Herbst 1989 kulminierten.

Drei Tage nach dem Paneuropäischen Picknick überwanden erneut 240 Menschen die österreichisch-ungarische Grenze, diesmal allerdings ohne Vorabsprache mit den Grenztruppen. Die Situation spitzte sich zu, und am Tag darauf verhinderten Grenztruppen erneute Übertritte mit Waffengewalt, wobei mehrere Flüchtlinge verletzt wurden. Da Ungarn der großen Zahl ausreisewilliger Ostdeutscher mit Rücksicht auf seine Verpflichtungen im Warschauer Pakt nicht einfach die Ausreise gewähren konnte, errichteten die ungarischen Behörden Flüchtlingslager, in denen sich am 3. September nach offizieller Auskunft 5000 Menschen aufhielten – und täglich kamen 500 Neuankömmlinge hinzu.

Die SED-Führung trug nichts zur Lösung des Problems bei; sie reagierte stattdessen unbeweglich und mit den gewohnten orthodox-ideologischen Reflexen. Deshalb wandte sich die ungarische Führung nach Bonn. Am 25. August trafen der Ministerratsvorsitzende Miklós Németh und Außenminister Gyula Horn zu einer streng geheimen Zusammenkunft mit Bundeskanzler Helmut Kohl und seinem Außenminister Hans-Dietrich Genscher auf Schloss Gymnich bei Bonn ein. Ohne große Umschweife legte Németh, so das von Genscher diktierte Protokoll, die schweren ökonomischen Probleme in Ungarn auf den Tisch. Unterstützung aus dem Westen sei dringend notwendig, um den ungarischen Reformkurs fortsetzen zu können. Dafür, so war klar, wenn auch nicht im Protokoll festgehalten, würde sich die ungarische Regierung in der Frage der Ostdeutschen in Ungarn behilflich zeigen.

Ende August setzte Budapest der Ost-Berliner Führung die Pistole auf die Brust: Ungarn werde die bilateralen Abkommen mit der DDR kündigen und die Flüchtlinge ausreisen lassen, wenn die DDR nicht bis zum 10. September eine Lösung finde. Die DDR-Führung war aber nur bereit, den in Ungarn befindlichen Ausreisewilligen Straf- und Schikanefreiheit bei Rückkehr und eine beschleunigte Bearbeitung ihrer Ausreiseanträge zuzugestehen. Das löste die Probleme in Budapest nicht.

So öffnete Ungarn am 11. September 1989 seine Grenzen nach Österreich, und bis zum Ende des Monats siedelten 30 000

Ostdeutsche via Ungarn in die Bundesrepublik über. Sie gehörten in hohem Maße zu den unzufriedenen, nicht offen oppositionell agierenden Funktionseliten, die einmal mehr – wie schon zu Kriegsende, unter sowjetischer Besatzung und nach 1949 bis zum Mauerbau – das Gebiet der DDR verließen, wo ihr Fehlen die Versorgungsmängel weiter verschärfte. Zugleich projizierten die westdeutschen Medien die Massenflucht aus der DDR in das Land zurück und übermittelten unentwegt das Glück der erfolgreich Geflohenen. All dies verstärkte die grassierende Unzufriedenheit – und den Ausreisesog, der sich nun, da die DDR keine Reisegenehmigungen nach Ungarn mehr bewilligte, nach Prag und Warschau verschob.

Ende September nahm die Zahl der Botschaftsflüchtlinge explosionsartig zu: In Prag stieg sie von 1046 am 26. September auf etwa 4000 vier Tage später, über 600 waren es in Warschau am 29. September. Die Feiern zum 40. Jahrestag der Staatsgründung vor Augen, die nicht von Bildern der Flüchtlinge in den bundesdeutschen Botschaften überschattet werden sollten, verhielt sich die SED-Führung diesmal flexibler. Am 30. September bot sie an, die Zufluchtsuchenden am nächsten Tag mit Sonderzügen über das Gebiet der DDR in die Bundesrepublik ausreisen zu lassen. Als Außenminister Genscher nach langwierigen Verhandlungen nach Prag reiste, um den Menschen in der Botschaft mitzuteilen, «dass heute Ihre Ausreise in die Bundesrepublik Deutschland bevorsteht», ging die zweite Hälfte des Halbsatzes in nicht enden wollendem Jubel unter.

Noch am 30. September verließ der erste Zug die Hauptstadt der Tschechoslowakei. Mit der Erlaubnis zum Transit über das eigene Staatsgebiet hatte sich die DDR-Führung den Anschein geben wollen, ihre Souveränität zu wahren. In Wahrheit erwies sie sich einen Bärendienst, denn die Durchfahrt der Züge dokumentierte die Kapitulation der Führung vor dem Volk. Erich Honecker rief den Flüchtlingen hingegen in einem von ihm redigierten Leitartikel des *Neuen Deutschland* vom 2. Oktober 1989 hinterher, man solle ihnen «keine Träne nachweinen».

Doch die DDR-Führung hatte mit diesem «humanitären Akt», als den sie ihre Ausreiseerlaubnis deklarierte, das Problem noch immer nicht gelöst. Schon einen Tag nach der Abreise der Züge befanden sich abermals 6000 Menschen in der Prager Botschaft, viele weitere in der Nähe und auf dem Weg dorthin. Am 4. Oktober fuhren abermals Sonderzüge über das Territorium der DDR. Diesmal aber kam es entlang der Bahnstrecke, an Langsamfahrstellen und vor allem am Dresdener Hauptbahnhof zu gewaltsamen, tumultartigen Auseinandersetzungen, als an der Grenze zurückgewiesene Ausreisewillige versuchten, auf die Züge aufzuspringen.

Zugleich beschloss das Politbüro, den pass- und visafreien Verkehr mit der Tschechoslowakei auszusetzen und die «Grenze gegenüber der ČSSR und der VR Polen [...] in ihrer Gesamtlänge unter Kontrolle zu nehmen» – sprich: zu schließen. Die Einführung der Visumpflicht für die ČSSR, die der Fluchtwelle Einhalt gebieten sollte, stieß in der DDR-Bevölkerung und selbst bei SED-Mitgliedern jedoch auf massive Kritik und verschärfte die innere Lage weiter. Das Kalkül der Führung, durch die Ausreisegenehmigung für die Botschaftsflüchtlinge Druck aus dem Kessel zu lassen, ging nicht auf. Nicht mehr «Wir wollen raus!» hieß es im Oktober. Die neue Parole klang wie eine Drohung: «Wir bleiben hier!» Die Flüchtlingskrise schlug in eine Regimekrise um.

2. Regimekrise

Mit den Tumulten am Dresdener Hauptbahnhof in der Nacht vom 4. zum 5. Oktober sprang die Flüchtlingskrise auf das Territorium der DDR über. Bereits im September 1989 hatten in Leipzig, zunächst im Zusammenhang mit der Flüchtlingsbewegung, erste öffentliche Protestkundgebungen stattgefunden. Die staatlichen Kräfte reagierten mit Härte. Am 11. September verhafteten sie 89 Personen, von denen 19 zu Haftstrafen bis zu sechs Monaten verurteilt wurden. Schon dies allerdings bewirkte weniger Abschreckung als vielmehr Solidarisierung, und am 25. September kamen bereits über 5000 Demonstranten zusammen. Die Demonstrationen entstanden spontan, ohne öffentliche Aufrufe und sichtbare Führung und auch ohne besondere

Beteiligung von Mitgliedern der Oppositionsgruppen. Neben der bereits institutionalisierten Oppositionsbewegung bildete sich mit der Massenbewegung und den Massendemonstrationen ein zweiter, eigener Strang der Bürgerbewegung innerhalb der DDR heraus.

Entscheidend waren die kritischen Tage um den 40. Jahrestag der Staatsgründung der DDR. Während der offiziellen Feierlichkeiten demonstrierten mehrere zehntausend Menschen in Ost-Berlin sowie in anderen Großstädten und auch in kleineren Orten und Ortschaften. Mit brutaler Gewalt gingen die Kräfte der Staatsmacht am Wochenende des 7. und 8. Oktober in Ost-Berlin, in Dresden und andernorts gegen die Demonstranten vor. Bereits am 22. September hatte Erich Honecker die Anweisung gegeben, «dass diese feindlichen Aktionen im Keime erstickt» werden müssten. Zur Sicherung der Vierzig-Jahr-Feiern wurde vorsorglich die Nationale Volksarmee in Stellung gebracht, und für den Zeitraum vom 6. bis zum 9. Oktober wurde erhöhte Gefechtsbereitschaft befohlen. Erich Mielke verlangte von den Leitern der Diensteinheiten den «Einsatz aller geeigneten Mittel».

Die Zeichen vor der Leipziger Montagsdemonstration am 9. Oktober standen also auf Konflikt. Würde die DDR-Führung zur «chinesischen Lösung» greifen, mit der sie sich im Juni 1989 demonstrativ solidarisiert hatte, und eine Protestbewegung mit militärischer Gewalt niederschlagen? Es wäre eine Verzweiflungstat mit äußerstem Risiko und unabsehbaren Folgen gewesen. Erich Honecker jedenfalls schien dazu bereit. 8000 bewaffnete Kräfte – Volkspolizei, Kampfeinheiten des MfS, Betriebskampfgruppen und 1500 Soldaten der NVA in Reserve – bezogen am 9. Oktober 1989 in der Leipziger Innenstadt Position, und 5000 «gesellschaftliche Kräfte» – Mitglieder und Mitarbeiter von SED und staatlichen Organen – suchten sich unter die Demonstranten zu mischen. Als es aber zum Schwur kam, schreckten die Verantwortlichen – vor Ort und soweit erreichbar auch in Ost-Berlin – vor dem offenen militärischen Einsatz zurück.

Während des Friedensgebetes in der Nikolaikirche entstand

wohl an jenem Abend des 9. Oktober die Parole, unter der sich die Bürgerbewegung in den entscheidenden Wochen sammelte. Während die vor der Kirche wartende Menge «Wir sind keine Rowdys» skandierte, um Honeckers kriminalisierendes Stigma zurückzuweisen, rief ein Einzelner, wie überliefert wird, in diese Sprechchöre hinein: «Wir sind das Volk!» Dies wurde zur Losung, mit der die Bürgerbewegung gegen die sozialistischen Machthaber den Anspruch auf Volkssouveränität formulierte. «Keine Gewalt» war das andere Motto dieser Bürgerbewegung. Betende und friedliche Menschen mit Kerzen unterliefen die Erwartungen und Verhaltensweisen, die Feindbilder und Sprachmuster der staatlichen Führung und der Sicherheitskräfte und machten diese umso hilfloser.

Geradezu überrollt wurden die Einsatzkräfte schließlich von der schieren Masse, der unerwartet hohen Zahl der Demonstranten, die sich nach dem Ende der Friedensgebete zwischen 18.15 und 18.30 Uhr ohne erkennbare Führung in Bewegung setzten. Die Einsatzleitung ging zur «Eigensicherung der Einsatzkräfte» über, und so zogen 70 000 Menschen ungehindert über den gesamten Leipziger Innenstadtring und forderten in Sprechchören die Zulassung des Neuen Forums, Reformen, freie Wahlen und einen Führungswechsel.

Mit der «Kapitulation der Staatsmacht in Leipzig» (Hans-Hermann Hertle) hatte das Regime die letzte Möglichkeit verstreichen lassen, Massendemonstrationen und Bürgerbewegung gewaltsam zu unterdrücken. Zunehmend griff der Protest nun auch auf bislang regimeloyale Bürger und auf Mitglieder der SED und ihrer Organisationen selbst über. Viele Mitglieder der SED sprachen, so ein Bericht der Staatssicherheit, «ganz offen darüber, dass die Partei- und Staatsführung nicht mehr in der Lage und fähig sei, die Situation real einzuschätzen und entsprechende Maßnahmen für dringend erforderliche Veränderungen durchzusetzen». Unterdessen gingen am 16. Oktober über 100 000 Demonstranten auf die Straße, die sich in Transparenten und Sprechchören nun ungleich selbstbewusster zeigten. Die SED-Führung verlor die Kontrolle über das Land und löste sich binnen weniger Wochen in Konfusion auf. Bis zuletzt hatten die

wenigsten Mitglieder des Politbüros den Ernst ihrer Lage überhaupt erfasst.

«Selbstkritik hilft nichts» – so kommentierte Honecker die
Lage, als das Politbüro am 10. und 11. Oktober ungewöhnliche
15 Stunden lang tagte. Wie eh und je zog er in den bekannten
Formeln und mit den üblichen Zahlen die gewohnte Erfolgsbi-
lanz von DDR und SED, die sich in materiellen Daten erschöpf-
te und für gesellschaftlich-politische Fragen keinen Sinn hatte:
Einheit von Wirtschafts- und Sozialpolitik, Steigerung der Arbeitsproduktivität und der Löhne, Wohnungsbau und «Kinder-
grippen» (so Honeckers handschriftliche Notizen), 1000 Mark
Geburtshilfe für jedes Kind, Kindergeld und Renten. Erstmals
aber sprachen Mitglieder des Politbüros in seiner Gegenwart
nun die «Sprachlosigkeit» der Parteiführung an und forderten,
die SED müsse «Dialog nach innen machen».

Bis zur nächsten Sitzung des Politbüros am Dienstag, dem
17. Oktober, hatte sich die Situation noch einmal deutlich zugespitzt. Die «Lage ist so beschissen, wie sie noch nie in der
SED war», brachte ein Mitglied die Dinge ohne Rücksicht auf
das Protokoll auf den Punkt. Inzwischen hatte sich Egon Krenz
zum Handeln entschlossen und mit drei weiteren Politbüro-
mitgliedern vereinbart, Honecker zu stürzen. Gleich zu Beginn
der Sitzung überraschte Willi Stoph den offenkundig ahnungs-
losen Generalsekretär mit dem entscheidenden Antrag. In der
nun folgenden Aussprache musste Honecker erleben, wie alle
bislang so treuen Genossen von ihm abrückten. Besonders an-
gekreidet wurde ihm die Bemerkung über die Flüchtlinge, denen man «keine Träne nachweinen» solle. Es tue ihm «weh»,
bekundete Krenz, aber «Erich hat das alles nicht verstanden.»
Und Erich Mielke meinte ganz resigniert: «Wir können doch
nicht anfangen, mit Panzern zu schießen. Erich, Schluss: Ich
akzeptiere das.» Am Ende sprach Honecker, ein letztes Mal
als Generalsekretär, über die Republik und den Sozialismus,
den Gegner, die Einheit von Wirtschafts- und Sozialpolitik, den
Anstieg des Nationaleinkommens und die «Kapazitäten für
eine Million Telefone». Mit einem behielt er Recht, als er

nämlich im Hinblick auf seine Ablösung sagte: «Nichts wird beruhigt.»

Einen Tag nach dem Politbüro tagte das Zentralkomitee der SED, das Egon Krenz zum neuen Generalsekretär wählte. Eine «Wende» versprach er und «Dialog» – freilich unter zwei Bedingungen: erstens «den Sozialismus in der DDR weiter auszubauen [...] und keine unserer gemeinsamen Errungenschaften preiszugeben» und zweitens die DDR als «souveränes Land» zu erhalten. Krenz hoffte, mit einigen inhaltlichen Korrekturen und personellen Veränderungen die Initiative wiedergewinnen zu können. Die Entwicklung lief allerdings in die entgegengesetzte Richtung: Honeckers Sturz beschleunigte den Erosionsprozess der SED-Herrschaft nur noch mehr.

Die Gewissheit begann zu schwinden. Hans Modrow, der Erste Parteisekretär des Bezirks Dresden, kritisierte eine Überschrift «Mit der Wahrheit gehen wir» aus dem *Neuen Deutschland*, weil die SED doch «einen Dialog um die Wahrheit führen» wolle. Fassungslos rief ihm Verteidigungsminister Heinz Keßler zu: «Trotzdem haben wir die Wahrheit!» Unter Beifall antwortete Modrow: «Ja. Aber Heinz, ich persönlich gehe nicht davon aus, dass wir zu jeder Frage die Wahrheit haben.» Die Gewissheit allerdings, im Besitz der alleinigen Wahrheit zu sein, war die ideologische Lebensgrundlage des gesamten SED-Staates. Das hatte auch Gorbatschow nicht erkannt, aber erfasst hatte er eines: Wenn man «den Glauben verliere, dann werde man alles verlieren.»

Stattdessen versuchte Krenz, die Herrschaft der SED durch «Dialog» zu retten. Schon der Begriff stammte aus dem Arsenal der Kirchen und der Oppositionsbewegung. Damit hatte sich die SED auf das Terrain der Bürgerbewegung begeben – und befand sich rettungslos in der Defensive. Die Bürgerbewegung entwand dem Regime die Macht zur Vorgabe der Sprachformeln, Denkmuster und Verhaltensweisen. Einmal in Bewegung gekommen, verschob sich der Rahmen des allgemein akzeptierten Redens und Denkens binnen kürzester Zeit; zwischen Partei und Bevölkerung tat sich eine immer größere Kluft auf. Die einfachste Kommunikation wollte mit einem Mal nicht mehr gelingen. Eine Vorlage für Egon Krenz nach einer Veranstaltung im Berliner Lustgarten «nach Beobachtungen und Gesprächen mit Parteimitgliedern und Parteilosen, die auf dem Platz waren», hielt fest: «Wer mit Hochrufen begrüßt wird, gerät sofort in Verdacht, ein ‹Alter› zu sein. Reformfreudige Kräfte begrüßen niemand mit einem Hochruf. [...] Dank in dieser Art ([...] Ich danke Euch ...) empfinden die Leute zum Teil als Anmaßung. [...] – Wo die Leute den leisesten Verdacht haben [...], da will einer taktieren, reagieren sie sauer.» So erwies sich die Vorstellung, «von der Partei aus ein aufgefächertes Dialogangebot zu unterbreiten» und «Nachdenklichkeit und Realismus an den Tag zu legen, um unsere Glaubwürdigkeit zurückzugewinnen und darauf aufbauend mit Substanz in die Offensive zu kommen», als völlig illusorisch – da half es auch nichts, bei öffentlichen Kundgebungen auf «genormte Transparente und Winkelemente» zu verzichten.

Wie eine Lawine verbreitete sich die Protestbewegung nach dem 9. und dem 18. Oktober über das ganze Land: in Friedensgebeten, Massendemonstrationen und Diskussionsforen, auf denen sich die Funktionäre der SED als weithin hilflos erwiesen. Die Bürgerbewegung brachte in diesen Tagen zunächst keine konkreten Ziele vor. Sie konstituierte sich vielmehr als kollektiver Akteur über die begrenzten Aktionen einzelner Personengruppen an einzelnen Orten hinaus – als ein Akteur, der etwas Verbotenes tat und erst einmal die eigene Angst überwinden musste. Und wie in Leipzig war es auch andernorts: Hatte erst einmal eine Demonstration stattgefunden, dann war der Bann gebrochen, die Fügsamkeit der großen Mehrheit überwunden, wurde die Sehnsucht nach Freiheit stärker als die Erfahrung der Angst und die Gewohnheit der Resignation. So wurden, wie es in einer westdeutschen Lageeinschätzung hieß, Teile der in «Lethargie verfallenen Bevölkerung regelrecht reaktiviert [...], konfliktbereiter und auch veränderungswilliger». Die Bürgerbewegung gewann, wie die Staatssicherheit am 23. Oktober rapportierte, «zunehmende Selbstsicherheit im öffentlichen Auftreten» und artikulierte bald verstärkt den expliziten Willen, «als politische Opposition gelten und wirken zu wollen». Und schon eine Woche später musste das MfS feststellen, dass die Oppositionsbewegung, vor allem das Neue Forum, inzwischen «ausnahmslos alle wesentlichen Bereiche der Gesellschaft» durchdringe. Dabei ging es zunächst nicht um die Diskussion konkreter politischer Positionen und Perspektiven, sondern um die anschwellende und bald selbstläufige Welle der Solidarisierung und der Politisierung: «Wir sind das Volk».

Eine besondere Rolle spielte in diesem Zusammenhang, dass in der DDR keine funktionsfähigen vermittelnden Instanzen der Kommunikation und des Interessenausgleichs existierten. Dieses Vakuum zwischen Bevölkerung und politischen Institutionen hatte über vierzig Jahre die Stabilität des Systems gewährleistet. Nun beförderte es seinen Zusammenbruch. Mangels solcher Organisationen von Öffentlichkeit gewannen nämlich die Oppositionsgruppen alsbald zentrale Bedeutung als Ansprechpartner für den unumgänglich gewordenen «Dialog». Zugleich konnte, in umgekehrter Richtung, die Opposition ihre Wirkung direkt und unmittelbar entfalten, ohne auf dem Weg über ein Vermittlungssystem an Kraft zu verlieren.

In der zweiten Oktoberhälfte vermochte sich die Bürgerbewegung gegen das zusammenbrechende Regime durchzusetzen. Von zentraler Bedeutung war dabei das Zusammenwirken von Oppositions- und Massenbewegung. Etwa 250000 Teilnehmer zählte die Leipziger Montagsdemonstration vom 23. Oktober, 145 Protestveranstaltungen fanden im ganzen Land zwischen dem 23. und dem 30. Oktober statt und 210 in der darauf folgenden Woche. Ihren Höhepunkt erreichte diese Entwicklung am 4. November 1989 mit der großen Demonstration auf dem Ost-Berliner Alexanderplatz. Dabei zeichnete sich indessen bereits eine neue Konstellation ab, während sich das Bündnis von Massenbewegung und Opposition nach wenigen, aber entscheidenden Wochen wieder löste.

Vor über 500000 Menschen traten Schauspieler und Schriftsteller, Vertreter der Oppositionsgruppen sowie reformkommunistische Intellektuelle und Funktionsträger des Systems ans Mikrofon. Die Demonstration repräsentierte eine Schnittmenge von Oppositionsbewegung, zuvor weithin regimeloyalen Intellektuellen und reformorientierten Teilen der SED, wobei sich die Vertreter der Staatspartei, immer wieder von den Demonstranten unterbrochen und ausgepfiffen, verzweifelt als reformwillig darzustellen versuchten. Trotz aller Bemühungen der Staatsmacht, die Demonstration in die eigene Richtung zu lenken, richtete sich deren Impetus eindeutig gegen die überkommene Herrschaft der SED, auch seitens der bislang Regimeloyalen: «Es ist», sagte der gefeierte Stefan Heym, «als habe einer die Fenster aufgestoßen nach all den Jahren der Stagnation – der geistigen, der wirtschaftlichen, der politischen, nach all den Jahren der Dumpfheit und des Miefs, des Phrasengewäschs und bürokratischer Willkür.»

Die Bürgerrechtsbewegung stand auf ihrem Höhepunkt. Der Palast der Republik, so die Bürgerbewegung Demokratie Jetzt voller Emphase, war «umbrandet von jenen 500 000, die diesen Novembersamstag für immer zum Tag der Volkssouveränität haben werden lassen; denn gewaltlos ergriffen sie, Bürger und Bürgerinnen dieses Landes, zusammen mit ihren Kindern Besitz von diesem Haus, schauten glücksstrahlend von der Terrasse in die bewegte Menge, erfüllt allein von der Volksgewalt des gewaltlosen Wortes: ‹Wir sind das Volk!›»

Der Traum von der evolutionären Entwicklung zu einer reformierten demokratischen und sozialistischen DDR schien für die Opposition zum Greifen nahe. Eine Rücktrittswelle spülte zahllose Funktionsträger im ganzen Land aus dem Amt, am 7. November die gesamte Regierung und tags darauf auch das Politbüro; am selben Tag wurde, sechs Wochen nach der schroffen Ablehnung durch die Staatsmacht, das Neue Forum zugelassen. Drei Wochen nach dem Sturz Erich Honeckers und der Machtübernahme durch Egon Krenz lag die SED-Herrschaft in der DDR am Boden. In den Tagen nach dem 4. November sah die Bürgerbewegung wie die Siegerin des Umbruchs in der DDR aus.

Ungeahnter Erfolg und unerwarteter Niedergang aber lagen auch hier nahe beieinander. In diesem Moment nämlich bahnte sich bereits eine neuerliche und nicht weniger dramatische Wendung an. Ausgangspunkt war ein ungeplantes Ereignis, das schließlich zur eigentlichen Ikone des deutschen Herbstes 1989 wurde: der Fall der Berliner Mauer.

3. Staatskrise

Am 1. November 1989 öffnete die DDR ihre Grenze zur Tschechoslowakei wieder, die sie vier Wochen zuvor geschlossen hatte. Binnen zweier Tage füllte sich die bundesdeutsche Botschaft in Prag erneut mit 6000 Flüchtlingen. Die Grenz- und Reisefrage drängte mit Macht auf die Tagesordnung der DDR-Führung. Bereits am Tag seiner Wahl zum Generalsekretär hatte Krenz einen Gesetzentwurf für Auslandsreisen angekündigt. Dabei standen ihm die Dimension des Problems für die DDR und die geradezu existenzgefährdende Bedeutung der Perestroika klar vor Augen, wie er Gorbatschow bei seinem Antrittsbesuch in Moskau am 1. November wissen ließ. Im Protokoll der Unterredung heißt es: «Entideologisierung würde hier den Verzicht auf die Verteidigung des Sozialismus bedeuten. Fragen wie die Mauer und das Grenzregime zur BRD würden neu aufgeworfen. Die DDR befinde sich in der komplizierten Situation, diese nicht mehr recht in die heutige Zeit passenden, aber weiterhin notwendigen Dinge zu verteidigen.»

Gorbatschow reagierte einmal mehr eher idealistisch denn realistisch: Er «äußerte die Meinung, daß dies alles neu durchdacht werden müsse. Die Zeit sei dafür reif. Wenn die DDR nicht die Formel dafür finde, die es ermögliche, dass die Menschen ihre Verwandten besuchen könnten, dann wäre das für die Gesellschaft der DDR ein sehr unbefriedigender Zustand.» Was dies für die DDR bedeutete, die sich 1961 nur durch Abriegelung hatte stabilisieren können, war dem ersten Mann im Kreml offenkundig noch immer nicht klar.

Krenz stellte ein zeitnahes Reisegesetz in Aussicht, wobei ihm durchaus bewusst war: «Wie wir's auch machen, machen wir's verkehrt.» Ein Gesetzentwurf wurde am 6. November im *Neuen Deutschland* veröffentlicht; er sah Bearbeitungszeiten, eine Beschränkung der jährlichen Gesamtreisezeit und die Möglichkeit von «Versagungsgründen» vor und stieß allenthalben, etwa auf der Leipziger Montagsdemonstration am selben Abend, auf breite Ablehnung, ja heizte die Atmosphäre nur noch weiter an.

Zugleich geriet die DDR-Führung auch von Seiten der tschechoslowakischen Regierung unter Druck. Die Flüchtlinge in der Prager Botschaft durften in diesem Falle auf direktem Wege, ohne Transit über das Territorium der DDR, in die Bundesrepublik ausreisen. In der Folge verließen am Wochenende des 4. und 5. November, als die Bürgerbewegung in Ost-Berlin ihren Triumph feierte, über 23 000 Bewohner die DDR auf dem Weg über die Tschechoslowakei; bis zum Abend des 8. November waren es insgesamt 45 000. Die DDR-Grenze war unkontrollierbar porös geworden, und zudem forderte die Prager Regierung Ost-Berlin auf, die Fluchtwelle durch ihr Land unverzüglich zu beenden.

Von allen Seiten standen die 215 Mitglieder und Kandidaten des Zentralkomitees der SED unter Druck, als sie vom 8. bis zum 10. November am Werderschen Markt in Berlin zusammenkamen, kaum 500 Meter von der Mauer entfernt. Schon der Verlauf der ersten Sitzung dokumentierte den fortschreitenden Zerfall der Partei. Zu Beginn wurde der Rücktritt des gesamten Politbüros bekanntgegeben; drei der von Krenz vorgeschlagenen neuen Kandidaten wurden aber nicht gewählt, und der Dank an die Ausgeschiedenen wurde heftig kritisiert. Obendrein demonstrierten in Ost-Berlin Mitglieder der SED gegen die eigene Parteiführung.

Am zweiten Sitzungstag wich Egon Krenz gegen 16 Uhr kurz von der Tagesordnung ab, um den Vorschlag einer Verordnung zur «Frage der Ausreisen» zu verlesen, der tagsüber im Ministerrat erarbeitet worden war. Eine kurze Diskussion über technische Einzelheiten beendete Krenz mit der Frage: «Einverstanden, Genossen? – *Zurufe: Ja!* – Gut. Danke schön.»

Gleichsam im Handstreich hatte das ZK der SED einen «Beschluss zur Veränderung der Situation der ständigen Ausreise von DDR-Bürgern über die ČSSR» herbeigeführt. Die Verordnung war nicht sehr klar formuliert, vielmehr ein Produkt von Handlungsdruck und mangelndem Überblick. Eine Diskrepanz

bestand allein schon zwischen der Überschrift, die von der
«ständigen Ausreise von DDR-Bürgern über die ČSSR» sprach,
und dem Inhalt, der sich auch auf «Privatreisen nach dem Aus-
land», also Reisen allgemeiner Art bezog. Diese, so der Verordnungstext, sollten «ohne Vorliegen von Voraussetzungen (Rei-
seanlässe und Verwandtschaftsverhältnisse) beantragt werden
[können]. Die Genehmigungen werden kurzfristig erteilt. Versagungsgründe werden nur in besonderen Ausnahmefällen ange-
wandt.» Auch für die ständigen Ausreisen seien die Visa «unverzüglich zu erteilen, ohne dass dafür noch geltende Voraussetzungen für eine ständige Ausreise vorliegen müssen». In beiden
Fällen waren freilich nach wie vor ein (schriftlicher) Antrag sowie seine Genehmigung vorgesehen – auch wenn diese «kurzfristig» bzw. «unverzüglich» erteilt werden sollte, hieß dies keineswegs, dass die Bewohner der DDR die Grenze ihres Landes
einfach überschreiten durften. Gleichwohl war die Reiseverord-
nung geradezu revolutionär: Die DDR gab ihr Grenzregime auf.

Welche Lawine durch den Beschluss losgetreten worden war,
ahnte indessen wohl keines der ZK-Mitglieder. Günter Schabowski, seit dem Vortag für Medien zuständiger ZK-Sekretär, war in
den Minuten zuvor nicht im Saal gewesen. Als er zur Pressekonferenz aufbrach, die um 18 Uhr im nur wenige hundert Meter
entfernten Internationalen Pressezentrum angesetzt war und live
im DDR-Fernsehen übertragen wurde, gab ihm Egon Krenz den
Text der Verordnung in die Hand. Des Papiers offenbar unkun-
dig, las er gegen 19 Uhr, kurz vor Ende der Pressekonferenz, in-
mitten eher unkoordinierter Äußerungen über die Reisefrage, die
Pressemitteilung hastig vor. Zugespitzt wirkte sie dadurch, dass
er die beiden Sätze über «Versagungsgründe» für Privatreisen
und die «Antragstellung auf ständige Ausreisen» ausließ.

Im Saal kam Unruhe auf. In seinen Papieren blätternd, antwortete Schabowski auf die Nachfrage, wann diese Regelung in
Kraft trete, «sofort, unverzüglich», und bestätigte, wie es im
Verordnungstext stand, dass die «ständige Ausreise» auch über
die «Grenzübergangsstellen der DDR [...] zu Berlin-West erfol-
gen» könne. Vor laufenden Kameras und live auf den Bildschir-
men des Staatsfernsehens der DDR zu sehen, brach Konfusion

aus: bei Schabowski, der nicht recht wusste, ob er über ständige Ausreisen oder über allgemeine Reisefreiheit sprach, ebenso wie bei den Journalisten im Saal, die, zumal es noch keine schriftliche Pressemitteilung gab, genau so wie die Zuschauer am Fernseher auf Schabowskis mündliche Äußerungen angewiesen waren.

Nun aber verselbständigten und überschlugen sich die Ereignisse. Um 19.05 Uhr meldete Associated Press, die «DDR öffnet [...] ihre Grenzen», und mit derselben Topmeldung machte die ARD-Tagesschau um 20 Uhr auf – in der Sache grundsätzlich richtig und zugleich einen entscheidenden Schritt über den Inhalt der Reiseregelung hinaus. Zu Fuß und mit dem Auto strömten die Ost-Berliner daraufhin zu den Grenzübergangsstellen. Am Übergang «Bornholmer Straße» entstand bald eine bedrohliche Situation, und der diensthabende Offizier wusste sich um 22.30 Uhr nur noch dadurch zu helfen, dass er den Übergang öffnete. Weitere folgten, beschleunigt durch die Berichterstattung des West-Fernsehens, die den Ereignissen vorausging. Um Mitternacht waren, nach über 28 Jahren der hermetischen Abriegelung, alle Übergangsstellen geöffnet und im Laufe dieser Nacht auch die Grenzkontrollpunkte von der DDR zur Bundesrepublik. Am Brandenburger Tor befand sich zwar kein Grenzübergang, dort aber strömten Menschen aus West und Ost zusammen und bestiegen die Mauer. Das Symbol der Teilung wurde zum Symbol ihrer Überwindung und die Nacht vom 9. auf den 10. November 1989 ein rauschendes Fest. Nirgends konnte das Ende des Ost-West-Konflikts sinnfälliger werden.

Die Moskauer Führung, die einst ihre herrschende Hand über den Bau der Mauer und über den gesamten SED-Staat gehalten hatte, wurde von den Ereignissen dieser Nacht völlig überrascht. Zwar äußerte Botschafter Kotschemassow am nächsten Morgen gegenüber Egon Krenz Befremden über das eigenmächtige Vorgehen Ost-Berlins, das die Zuständigkeit der Vier Mächte berührte. Auch schien es in Moskau durchaus Ambitionen zu geben, die Maueröffnung rückgängig zu machen. Gorbatschow und sein Außenminister Schewardnadse wurden wohl, so sagte jedenfalls Schewardnadse später, «sehr aktiv zur

Gewaltanwendung gedrängt», und Gorbatschow selbst befürchtete eine gewaltsame Eskalation. Letztlich aber entschied sich der Kreml, die Maueröffnung gutzuheißen und die DDR auch weiterhin sich selbst zu überlassen.

Mit den Ereignissen des 9. November hatte die SED endgültig die Kontrolle über den Gang der Dinge verloren. Reisefreiheit und SED-Herrschaft waren bis zum Ende des Systems nicht vereinbar. In den Entscheidungsgremien brach offene Konfusion aus. Der dritte Tag der ZK-Sitzung begann mit schonungslosen Ausführungen von Gerhard Schürer zur ökonomischen Lage. Konsterniert und empört debattierten die Genossen über die Verantwortung für die desaströse Entwicklung; spontan traten vier Mitglieder des erst zwei Tage zuvor neu gewählten Politbüros zurück. Schuldzuweisungen wechselten sich ab mit planlosem Aktivismus, Selbstbezichtigungen und dramatischen Szenen, wie etwa des Generalintendanten der Leipziger Theater: «In mir ist alles zerbrochen. Mein Leben ist zerstört. Ich habe geglaubt an die Partei [...]. Ich habe an die Genossen geglaubt!» Um 12.30 Uhr verkündete Egon Krenz, die Lage im Land habe sich «äußerst zugespitzt. Es macht sich Panik und Chaos breit.» Vierzig Minuten später wurde die Sitzung unter tumultartigen Umständen vorzeitig abgebrochen.

Auf den Weg gebracht hatte sie noch ein «Aktionsprogramm der SED», das «radikale Reformen» des politischen Systems und des Rechtsstaats, der Informations-, der Medienpolitik und der Wirtschaftspolitik, eine «große geistige Erneuerung» und unabhängige Gewerkschaften sowie noch einiges mehr ankündigte. Doch auch mit noch so großen Schritten stolperte die SED der stürmischen Entwicklung der Gesellschaft nur noch hinterher. Alle Anpassungsversuche, alle Anstrengungen, um Initiative und Handlungssouveränität zurückzugewinnen, blieben vergeblich.

Während am 13. November eine neue Regierung unter Führung von Hans Modrow gebildet wurde, auf dem die letzten reformkommunistischen Hoffnungen ruhten, und sich acht Tage später Vertreter aller politischen Gruppen und Parteien in Ost-

Berlin am Runden Tisch zusammensetzten, zerfiel die Partei auf allen Ebenen. Bis zum 20. November waren alle 15 Ersten Sekretäre der SED-Bezirksleitungen und 13 ihrer Stellvertreter abgesetzt worden, 142 Erste Sekretäre der Kreisleitungen waren zurückgetreten und drei hatten Selbstmord verübt. Zur letzten Katastrophe für das Regime wurde Ende November ein Pressebericht über Privilegien in der Waldsiedlung Wandlitz dreißig Kilometer nördlich von Berlin, wo die Mitglieder des Politbüros abgeschottet von der Außenwelt wohnten. Die Meldungen über die Privilegien von Wandlitz riefen in der SED außerhalb der Regierungssiedlung höchste Empörung und tiefste Enttäuschung hervor.

Und es waren nicht mehr nur einzelne Genossen, denen man individuelle Verfehlungen vorwerfen konnte. Die gesamte Partei, die als Quelle der Legitimation immer über und hinter den austauschbaren Personen und Funktionären gestanden hatte, geriet in den Strudel. Am 1. Dezember wurde die führende Rolle der Partei aus der DDR-Verfassung gestrichen. Damit war dem Machtmonopol der SED – wie etwa der Weisungsbefugnis des Zentralkomitees der Partei gegenüber der Regierung – auch ein verfassungsrechtliches Ende gesetzt. Zwei Tage später beschloss das ZK die Selbstauflösung der zentralen Führungsgremien, Mitglieder der alten Führungsriege wurden ausgeschlossen, einige verhaftet. Am 6. Dezember trat Egon Krenz als Staatsratsvorsitzender und als Vorsitzender des Nationalen Verteidigungsrates zurück, und unmittelbar darauf war auch seine Zeit als Generalsekretär nach nur sieben Wochen abgelaufen. Die einstmals streng durchorganisierte Staatspartei endete im Durcheinander. «Jetzt stehe ich auch vor einer Frage, auf die ich keine Antwort habe», beschloss Egon Krenz die letzte Sitzung des Zentralkomitees und seine politische Karriere zugleich. «Das ZK hat sich aufgelöst. Die Beschlüsse sind gefasst. Jetzt müsste der Arbeitsausschuss tätig sein. Und wir können die Tagung beenden. Oder wie ist das?»

Auf einem Sonderparteitag am 8./9. Dezember 1989 benannte sich die SED in SED-PDS («Partei des Demokratischen Sozialismus») um. An die Spitze eines neugeschaffenen Parteivorstandes wurde Gregor Gysi gewählt, ein intellektuell wendiger und rhetorisch begabter 41-jähriger Rechtsanwalt mit guten Kontakten zu den oppositionellen Gruppen. Gysi und Modrow versuchten, die Entwicklung noch einmal in die Hand der ehemaligen SED zu bekommen, und setzten sich von Krenz ab. Worauf sie hofften, musste in historischer Perspektive nicht aussichtslos sein: Auch 1848 war zunächst die Herrschaft der Fürsten binnen kürzester Zeit kollabiert, dann aber hatten sie die Macht zurückgewonnen. 1989/90 aber gab es kein Zurück mehr. Die Entwicklung war unumkehrbar vorangeschritten.

Denn mit dem Fall der Mauer war die SED-Herrschaft auch deshalb faktisch am Ende, weil mit der Berliner Mauer das Symbol der Teilung Deutschlands gefallen war und damit zwangsläufig ein neues Thema aktuell wurde. Nun ging es um die Existenz des gesamten Staates. Und diese Entwicklung bestimmte weder das kollabierende Regime noch die Oppositionsbewegung, die den Anstoß zu seinem Zusammenbruch gegeben hatte.

III. Nationale Wende

1. Die Spaltung der Bürgerbewegung

Der «Aktionsverbund einer Minderheit von DDR-Erneuerern und einer Mehrheit von DDR-Überwindern war historisch von kurzer Dauer», so pointierte der ostdeutsche Historiker Hartmut Zwahr. Die Aktionen gegen das Regime, in erster Linie die Massendemonstrationen, hatten zunächst vor allem zu einer Solidarisierung breiter Schichten der Bevölkerung geführt, vor der die hilflose Staats- und Parteiführung kapituliert hatte. Dass die konkreten inhaltlichen Vorstellungen der Bürgerbewegung darüber noch sehr allgemein geblieben waren, hatte überhaupt erst ihre Zustimmungs- und Handlungsfähigkeit ermöglicht. Als sich dann aber die Frage eigener politischer Positionen und Perspektiven samt ihrer Umsetzung stellte, zerbrach die Bürgerbewegung. Sie zerbrach an der entscheidenden Frage, die mit dem Fall der Mauer unvermeidlich auf die Tagesordnung drängte: der nationalen Frage.

Für die Berliner Führung des Neuen Forums, die am 4. November auf dem Berliner Alexanderplatz den Höhepunkt ihrer Bedeutung erklommen hatte, ging schon die Öffnung der Grenzen fünf Tage später einen Schritt zu weit. In die Euphorie des Mauerfalls hinein ermahnte sie die «Bürgerinnen und Bürger! Eure spontanen furchtlosen Willensbekundungen im ganzen Land haben eine friedliche Revolution in Gang gesetzt, haben das Politbüro gestürzt und die Mauer durchbrochen. Lasst Euch nicht von der Forderung nach einem politischen Neuaufbau der Gesellschaft ablenken! [...] Wir werden für längere Zeit arm bleiben, aber wir wollen keine Gesellschaft haben, in der Schieber und Ellenbogentypen den Rahm abschöpfen. Ihr seid die Helden einer politischen Revolution, lasst Euch jetzt nicht ruhigstellen durch Reisen und schuldenerhöhende Konsumspritzen.»

Inhaltlich lag die Priorität des Neuen Forums als der nach wie vor prominentesten Oppositionsgruppe auf einer reformierten, eigenständigen DDR. In ihr sollte sich die Zivilgesellschaft einer bürgernahen und partizipatorischen Demokratie verwirklichen, die «Vision einer herrschaftsfreien Gesellschaft, deren Bürger nicht von staatlichen Zwängen, materiellen Eigeninteressen oder machtpolitischen Erwägungen korrumpiert sein sollten» (Karsten Timmer). Mit ihrer Kritik an Materialismus und Konsum orientierten sich weite Teile der Oppositionsbewegung gerade nicht am westlichen System im Zeichen politischer *und* wirtschaftlicher Freiheit, sondern suchten den «dritten Weg» eines reformierten, demokratisierten Sozialismus zwischen westlichem Kapitalismus und SED-Staatssozialismus, dessen konkrete Ausgestaltung freilich unbestimmt blieb.

Drei Wochen nach dem großen Tag auf dem Alexanderplatz hatte sich die Welt in der DDR abermals grundlegend gewandelt, und so versuchten die Kräfte des 4. November noch einmal, die öffentliche Stimmung in ihrem Sinne zu beeinflussen. Schriftsteller, Kirchenvertreter und andere Repräsentanten der Oppositionsbewegung erließen am 26. November den Aufruf «Für unser Land». Er beharrte auf der «Eigenständigkeit der DDR», um «eine solidarische Gesellschaft zu entwickeln, in der Frieden und soziale Gerechtigkeit, Freiheit des einzelnen, Freizügigkeit aller und die Bewahrung der Umwelt gewährleistet sind. [...] Oder wir müssen dulden, dass [...] ein Ausverkauf unserer materiellen und moralischen Werte beginnt und über kurz oder lang die Deutsche Demokratische Republik durch die Bundesrepublik Deutschland vereinnahmt wird. [...] Noch haben wir die Chance, in gleichberechtigter Nachbarschaft zu allen Staaten Europas eine sozialistische Alternative zur Bundesrepublik zu entwickeln.»

Diese Abwehrhaltung gegen eine deutsche Einheit stellte in ihrer Zuspitzung nicht unbedingt die Mehrheitsmeinung innerhalb der Oppositionsgruppen dar, denen es ohnehin an etablierten Foren der Meinungsbildung mangelte. Sie wurde aber öffentlich als deren Haltung wahrgenommen. Und so tat sich eine zunehmende Spaltung zwischen der Oppositionsbewegung und

der rasch wachsenden Zahl der Befürworter einer Vereinigung
mit der Bundesrepublik auf.

Der Fall der Berliner Mauer und der innerdeutschen Grenze
hatte die Tore nach Westen geöffnet – und damit stand die deutsche Frage im Raum. Ungehindert konnten die Menschen aus
der DDR in die Bundesrepublik reisen, und sie kehrten mit Ein-
drücken eines Landes im Überfluss in ihre maroden Städte und
Dörfer zurück. In Leipzig war am 13. November, auf der ersten
Montagsdemonstration nach dem Fall der Mauer, erstmals der
Sprechchor «Deutschland einig Vaterland» zu hören – jener
Vers aus dem Text der Nationalhymne der DDR, dessentwegen
sie seit den siebziger Jahren nur noch instrumental gespielt, aber
nicht mehr gesungen worden war und der sich nun, am Ende,
auch noch gegen die DDR selbst wendete. Neu waren an diesem
Abend auch Deutschlandfahnen und Transparente mit der Auf-
schrift «Wiedervereinigung». Damit war innerhalb der DDR
ein Tabu gebrochen und das Thema auf dem Tisch.

Eine Woche später erhielt ein Werkzeugmacher langen Beifall, als er bekundete, er habe nach vierzig Jahren keine Lust
mehr auf neue Varianten des Sozialismus: «Keine Experimente
mehr! Wir sind keine Versuchskaninchen.» Vor der Tür gebe es
ein funktionierendes Gegenmodell: freie Marktwirtschaft und
deutsche Wiedervereinigung seien der einzige Ausweg. Und am
27. November – einen Tag nach dem Aufruf «Für unser Land»
und einen Tag vor Helmut Kohls Zehn-Punkte-Programm –
hatte sich «Deutschland einig Vaterland» als eine zentrale Parole etabliert, die nun, nach denselben Mechanismen wie einige
Wochen zuvor die Bedeutung des Neuen Forums, über die Mas-
senmedien in ihrer Wirkung noch erheblich verstärkt wurde.
Die Massenbewegung wandte sich vom Projekt der Reform der
inneren Verhältnisse, von der Vorstellung einer demokratisierten und sozialistischen eigenständigen DDR ab und peilte stattdessen die unmittelbare Vereinigung mit der Bundesrepublik an.

Wie lässt sich dieser plötzliche Umschwung, wie lässt sich
diese nationale Wende erklären? Verlässliche demoskopische
Erhebungen aus dem Spätjahr 1989 liegen ebenso wenig vor

wie Daten über das Ausmaß, in dem der nationale Einheitsgedanke in der DDR-Bevölkerung lebendig geblieben war, wobei festzuhalten ist, dass er einer großen Zahl von Ostdeutschen umstandslos präsent war. Wenn dabei oftmals – mit kritisch-negativem Unterton – behauptet wird, bei der Mehrheit der Bevölkerung hätten materielle Interessen über gesellschaftlich-politische Freiheit obsiegt, dann ist diese Alternative insofern falsch formuliert, als beides keinen Widerspruch bedeutet. Vielmehr ist gerade die Verbindung von Freiheit und Wohlstand tief in der bürgerlichen Moderne verwurzelt – wenngleich im Verlauf der deutschen Revolution durchaus eine Akzentverschiebung in dieser Verbindung zu beobachten ist: Dominierte in der ersten Phase, im Herbst 1989, das Element der Freiheit von staatssozialistischer Diktatur, so rückte in der zweiten Phase im Zeichen der Wiedervereinigung die Erwartung schnellen Wohlstands in den Vordergrund.

«Es kam mir vor», so resümierte Jens Reich, einer der prominenten Vertreter der Oppositionsbewegung *post festum*, «als hätten wir zum Volk gesagt: ‹Los, nehmt uns als Rammbock und drückt das Tor ein – es ist morsch!› […] Und sie nahmen uns als Ramme, holten aus, drückten das Tor ein, warfen uns danach achtlos zur Seite und stürmten hinein.» In historischer Perspektive war der Bruch innerhalb der Bürgerbewegung nichts Außergewöhnliches: Gerade in Zeiten grundstürzenden Umbruchs finden ansonsten unverbundene Akteure zusammen, treiben das Geschehen voran und gehen bald danach wieder auseinander, wie überhaupt die Träger der Entwicklung binnen kurzer Zeit wechseln.

Diese historische Sicht war freilich nicht die Perspektive der Akteure im deutschen Herbst 1989; vielmehr machten sich bei den Leitfiguren der Oppositionsbewegung «Anzeichen eines depressiven Stimmungsumschlags bemerkbar», wie es in einer westdeutschen Aufzeichnung hieß. Die heraufziehende Verbitterung schlug sich in Vorwürfen an die Masse der Bevölkerung nieder, wie sie schon unmittelbar nach der Öffnung der Grenzen angeklungen waren, dass sie nämlich rein materiellen Interessen folge und sich nach Westen locken lasse. Bärbel Bohley sprach von «Glasperlen für die Eingeborenen», Stefan Heym von «quiekenden Frauen» angesichts von «westlichem Tinnef», während die Moral erst nach Woolworth komme. In einer polarisierten Debatte innerhalb der ostdeutschen Gesellschaft geißelte Monika Maron wiederum die «Arroganz des Satten, der sich vor den Tischmanieren eines Ausgehungerten ekelt», und Martin Walser nahm die Massenbewegung von Westen her in Schutz: «Die Hunderttausende haben für ein besseres Leben demonstriert. Ihnen das Motiv zu einem Konsum-Motiv zusammenzustreichen ist, wenn ein überversorgter Westler oder ein ehedem systemverträglicher, mit allen Reisefreiheiten privilegierter Ostler das tut, fast gruselkomisch.»

Nun trat hervor, was zwischen dem 9. Oktober und 9. November durch die rasende Entwicklung überdeckt worden war: Der Hauptstrom der Oppositionellen und die Masse der demonstrierenden Bevölkerung lagen nicht auf einer Wellenlänge. Rolf Schneider, der 1979 aus dem Schriftstellerverband der DDR ausgeschlossene Autor zwischen beiden deutschen Staaten, schrieb am Tag nach dem Aufruf «Für unser Land» im *Spiegel*, die Oppositionellen seien «höhere Angestellte, Künstler, freischwebende Intellektuelle. Die Arbeiterschaft ist bei ihnen unterrepräsentiert. Seit dem 10. November strömt diese über die Westgrenzen. Ihr volonté générale ist gesamtdeutsch.» Nach den ebenso kurzen wie heftigen Flitterwochen im September und Oktober 1989 gingen Opposition und Massenbewegung wegen unüberbrückbarer Differenzen in der nationalen Frage wieder auseinander. Wie aufgeheizt, ja polarisiert die Stimmung binnen weniger Wochen geworden war, zeigte sich auf der Leipziger Montagsdemonstration am 4. Dezember, als sich Vereinigungsbefürworter und Vereinigungsgegner gegenseitig als «Rote» bzw. «Nazis» beschimpften.

Diese neue Konfliktlinie veränderte die gesamte Konstellation in der DDR: Nicht mehr Bürgerbewegung und SED-Regime standen einander gegenüber, sondern Vereinigungsbefürworter und Vereinigungsgegner, zugespitzt: Massenbewegung und Op-

positionsbewegung, wobei es im Einzelnen natürlich mancher-
lei Verschiebungen und Verbindungen gab. Während die Massenbewegung einstweilen führungs- und orientierungslos zu-
rückblieb, rückte die Oppositionsbewegung näher an die
verbleibenden reformbereiten Kräfte der SED heran. Angedeu-
tet hatte sich dies bereits am 4. November, manifest wurde es
am «Runden Tisch».

Am 22. November stimmte die SED zu, einen Zentralen Runden Tisch in der DDR und zudem Runde Tische in den Städten
und Bezirken einzurichten. Dass die SED bereit war, über die
Abgabe und eine Neuverteilung der Macht zu verhandeln,
schien die Möglichkeit zum geregelten und gewaltfreien demokratischen Neuanfang in begrenzter Kooperation mit der SED
zu eröffnen. Am 7. Dezember setzten sich in Ost-Berlin unter
kirchlicher Moderation erstmals die Vertreter der alten Kräfte
und der neuen Gruppierungen am Zentralen Runden Tisch zusammen: je drei Vertreter der SED sowie der vier vormals der
Staatspartei untergeordneten Blockparteien, des Weiteren 15
Vertreter von sieben Oppositionsgruppen und je eine Delegation des Unabhängigen Frauenverbandes und des staatlichen Gewerkschaftsbundes.

Damit hatte sich die Oppositionsbewegung institutionalisiert –
und war nicht mehr Trägerin der vorwärtstreibenden Protestbewegung. Im Gegenteil: Jetzt wurde sie von der Sorge vor deren
unkontrollierter Eskalation umgetrieben, und sie zielte nun darauf, die Entwicklung einzudämmen. Im Folgenden sah sie sich
den Versuchen der zur SED-PDS umbenannten SED ausgesetzt,
sie für eine Rettung der noch bestehenden Strukturen der DDR
zu vereinnahmen, während sie selbst keine konkreten und um-
setzbaren Konzepte für die gewünschte demokratische Neugestaltung zu entwickeln vermochte. Nun machte sich deutlich
bemerkbar, dass gerade das Neue Forum als prominenteste Oppositionsgruppe nicht als politisch handlungsfähige Partei, sondern als offene Plattform für den Dialog konzipiert war, die
sich schon deshalb schwer tat, einheitliche Positionen zu arti-
kulieren. Vielmehr traten interne Orientierungs- und Differen-
zierungskämpfe und deutliche Unterschiede zwischen den ein-

zelnen Richtungen auf. In dieser Konstellation war die Oppositionsbewegung nicht in der Lage, nach dem Sturz des SED-
Regimes eigene Gestaltungskraft für einen Neuaufbau innerhalb
der DDR zu entwickeln. Bald fand sich die Bewegung, die kurz
zuvor die revolutionäre Entwicklung und den Sturz der SED-
Herrschaft angestoßen hatte, am Rande des Geschehens wieder.

Als der Runde Tisch Anfang Dezember 1989 zusammentrat,
war nicht nur bei der Oppositionsbewegung, sondern im gesamten Land die Euphorie des Sieges über das SED-Regime in
handfeste Krisenstimmung umgeschlagen. Während sich Meinungspluralismus und eine kritische Öffentlichkeit etablierten,
ging die Mobilisierungsdynamik der Massenbewegung nach der
Öffnung der Grenzen bald wieder verloren; nach dem Aufbruch
verbreiteten sich Desorientierung und Unsicherheit in der Bevölkerung.

Zunehmend sickerten Informationen über das tatsächliche
Ausmaß der desaströsen ökonomischen Lage der DDR durch –
und dies im nun täglich greifbaren Gegensatz zur Bundesrepublik, gegen deren Währung die Ostmark binnen Kürzestem ins
Bodenlose fiel. Angesichts wuchernder Gerüchte und Verschwörungstheorien sowie der Angst vor Anarchie und Chaos eskalierte eine zunehmend aggressive «Stimmung des ‹Rette-sich-
wer-kann›», wie es in einer westdeutschen Aufzeichnung hieß.
Zugleich drohte die DDR auch personell auszubluten: Allein
zwischen dem 1. und dem 20. November hatten 100 000 Personen das Land verlassen.

Nach dem Fall der Mauer und dem faktischen Kollaps der
SED-Herrschaft tat sich in der DDR ein Machtvakuum auf.
Welche Richtung die weitere Entwicklung nehmen würde, war
in der zweiten Novemberhälfte zunächst ganz offen. Bald aber
stellte sich heraus, dass der Runde Tisch und die Oppositionsbewegung mit dem Ziel, die DDR zu erhalten, auf ein totes
Gleis fuhren, denn die Massenbewegung hatte die Weichen in
eine andere Richtung gestellt und einen Zug in Fahrt gesetzt,
der einstweilen führerlos unterwegs war. In dieser Situation
kam die Bonner Regierung unter Helmut Kohl ins Spiel.

2. Die Regierung in Bonn und Kohls Zehn-Punkte-Programm

1989 feierte die Bundesrepublik wie die DDR den 40. Jahrestag ihrer Gründung, und sie tat dies im Vollgefühl der «Erfolgsgeschichte» vom «Modell Deutschland». Der westliche Teilstaat hatte sich zu einer wohlhabenden und stabilen freiheitlichen Demokratie entwickelt, die zudem am Ende der achtziger Jahre einen wirtschaftlichen Aufschwung erlebte wie seit dem Ende des Nachkriegsbooms zu Beginn der siebziger Jahre nicht mehr. Hohe Wachstumsraten bei relativ niedriger Inflation, Massenwohlstand für 80 bis 90 Prozent der Gesellschaft und zudem eine offenkundige Trendwende am Arbeitsmarkt nach anderthalb Jahrzehnten hoher Arbeitslosigkeit beförderten das unbändige Selbstbewusstsein, mit dem die Bundesrepublik in die Wiedervereinigung ging.

Freilich war die deutsche Frage den Westdeutschen bis zum Herbst 1989 weit entrückt. Zur Gründungszeit der Bundesrepublik war eine Wiedervereinigung in naher Zukunft erwartet worden. Als sich die Nachkriegsverhältnisse des Ost-West-Konflikts allerdings verfestigt hatten und die Supermächte zur Politik der Entspannung übergingen, kam Bonn nicht umhin, sich mit dem Status quo zu arrangieren. Diese Anpassung leistete die sozial-liberale Ostpolitik zu Beginn der siebziger Jahre, die mit ihrer Leitidee vom «Wandel durch Annäherung» noch eine Perspektive der Veränderung besaß, die im Lauf der Zeit indessen zunehmend verlorenging.

Ende der achtziger Jahre hatte sich die Bundesrepublik in der Teilung eingerichtet. 70 bis 80 Prozent der westdeutschen Bevölkerung, so ergaben Meinungsumfragen im Jahr 1987, befürworteten eine Wiedervereinigung als langfristiges Ziel – und derselbe Anteil schloss aus, sie noch im 20. Jahrhundert zu erleben. Dabei war das Meinungsspektrum breit differenziert: Teile der politischen Linken kehrten sich explizit von der Option einer Wiedervereinigung ab; der Wiedervereinigungsbegriff der Präambel des Grundgesetzes sei, so der frühere Regierungssprecher Klaus Bölling im Mai 1989, «durch und durch antiquiert»

und gehöre «mitsamt der ‹Wiedervereinigungsphraseologie› in
den Orkus der Geschichte». Demgegenüber hielten die bürgerlichen Parteien an der offiziellen grundgesetzkonformen
Position zur deutschen Frage fest. Immer wieder verwies Bundeskanzler Kohl öffentlich auf die bundesdeutschen Rechts-
standpunkte und auf die Offenheit der deutschen Frage. Dabei
verschob sich die Zielvorgabe von einer territorialen Einheit hin
zu Freiheit und Selbstbestimmungsrecht für die DDR-Bevölkerung. Selbstbestimmung, so erklärte Kohls außenpolitischer
Berater Teltschik dem sowjetischen Botschafter noch Ende September 1989, «könne Einheit heißen, müsse es aber nicht
zwangsläufig.»

Seit ihrem Amtsantritt im Herbst 1982 verfolgte die Regierung Kohl eine Deutschlandpolitik in charakteristischer Verbindung von normativer Abgrenzung und praktischer Kooperation, wie sie sich am spektakulärsten in den Bundesbürgschaften
für die Bankenkredite niederschlug, mit denen sie die DDR
1983 und 1984 vor der Zahlungsunfähigkeit rettete. Operative
Wiedervereinigungspolitik betrieb die Bundesregierung nicht.
So stießen US-amerikanische Diplomaten, als sie im Spätsom-
mer 1989 in Bonn die Möglichkeit einer deutschen Wiedervereinigung ansprachen, auf verhaltene Reaktionen. «Wir wollten
darauf hinwirken», so beschied Kanzleramtsminister Seiters
dem stellvertretenden amerikanischen Außenminister, «dass
sich die Lage für die Menschen in der DDR verbessere.»

Auch als die DDR im Herbst 1989 in die Krise geriet, blieb
Bonn zunächst bei der eingespielten Kooperation: Es liege «nicht
in unserem Interesse», so Kohl am 23. Oktober gegenüber dem
amerikanischen Präsidenten George Bush, «dass möglichst viele
Menschen aus der DDR weglaufen», und ebenso wenig zielte
die Bundesregierung darauf, die DDR zu destabilisieren. Anfang November allerdings vollzog die Bonner Regierung einen
deutschlandpolitischen Kurswechsel, als Kohl politische Bedingungen stellte: «wir sind zu umfassender Hilfe bereit, wenn
eine grundlegende Reform der politischen und wirtschaftlichen
Verhältnisse in der DDR verbindlich festgelegt wird.» Konkret
forderte Kohl den Verzicht auf das Machtmonopol der SED, die

Zulassung unabhängiger Parteien, freie Wahlen, den Abbau der bürokratischen Planwirtschaft und den Aufbau einer marktwirtschaftlichen Ordnung. Dies war nichts anderes als die Forderung nach Selbstaufgabe des SED-Regimes. Eine Wiedervereinigung freilich lag am Vorabend des Mauerfalls, von dem die Bonner Regierenden ebenso überrascht wurden wie die Zeitgenossen in Ost und West, noch außerhalb des Erwartungshorizonts.

Am 9. November war Kohl zu einem besonders schwierigen Regierungsbesuch in Warschau eingetroffen, denn das historisch schwer belastete deutsch-polnische Verhältnis bedurfte nach dem Wegfall des Ost-West-Konflikts einer Neugestaltung. Vor Beginn des Festbanketts erfuhr Kohl telefonisch aus Bonn, dass die DDR die innerdeutschen Grenzen öffnete. Im Laufe des Abends kam er zu dem Schluss, dass der Bundeskanzler in diesem historischen Moment in Berlin nicht fehlen dürfe. Obgleich die polnischen Gastgeber darüber wenig erfreut waren, unterbrach er den Regierungsbesuch mit einigen Mitgliedern der deutschen Delegation. Am 10. November flog er zunächst nach West-Berlin, wo ihn während einer Kundgebung vor dem Schöneberger Rathaus eine Nachricht Gorbatschows erreichte, der sich vor einer «chaotische[n] Situation» sorgte, deren «Folgen unübersehbar wären.» Danach telefonierte Kohl von Bonn aus mit den wichtigsten Regierungschefs, um deren Sorgen über die ungewisse weitere Entwicklung in Deutschland zu zerstreuen.

Angesichts der deutlich spürbaren Vorbehalte in den europäischen Hauptstädten zögerte Kohl nach dem Fall der Mauer zunächst, das Thema Wiedervereinigung öffentlich anzusprechen – aus Vorsicht, aber auch, weil in Bonn keinerlei Szenario für die Situation vorlag, die jetzt eingetreten war, kein Konzept für eine Wiedervereinigung und keine Planung für den Tag X. Der deutschlandpolitische Ernstfall kam auch für die Bonner Regierung völlig überraschend. Als dann aber auf den ostdeutschen Demonstrationen die Parole «Deutschland einig Vaterland» immer lauter wurde, als Hans Modrow am 17. November mit dem Vorschlag einer «Vertragsgemeinschaft» seinen Hut in den deutschlandpolitischen Ring warf und als Kohl auch

in der bundesdeutschen Öffentlichkeit zunehmend als passiv
kritisiert und zum Handeln gedrängt wurde und die Debatte
sich zu verselbständigen drohte, entschloss er sich, in die Offensive zu gehen, um – mit den Worten seines Beraters Teltschik –
«öffentlich die Meinungsführerschaft im Hinblick auf die Wiedervereinigung [zu] übernehmen».

Mit eingeplantem Überraschungseffekt machte Kohl am
28. November 1989 in der Haushaltsdebatte des Deutschen
Bundestages sein «Zehn-Punkte-Programm zur Überwindung
der Spaltung Deutschlands und Europas» bekannt. Die ersten
fünf Punkte markierten Stufen der innerdeutschen Entwicklung: Sofortmaßnahmen, Zusammenarbeit, Ausweitung der
bundesdeutschen Hilfen, die von Modrow angesprochene «Vertragsgemeinschaft» und darüber hinaus «konföderative Strukturen zwischen beiden Staaten in Deutschland» mit dem «Ziel,
eine Föderation, das heißt eine bundesstaatliche Ordnung in
Deutschland zu schaffen». Dann wechselte das Programm auf
die internationale Ebene, um die Einbettung in den internationalen Integrationsprozess zu dokumentieren: durch die Fortent-
wicklung der Ost-West-Beziehungen, der europäischen Einigung, des KSZE-Prozesses und der Abrüstung. Schließlich sollte
zehntens der «Zustand des Friedens in Europa» erreicht werden, in dem Deutschland «seine Einheit wiedererlangen kann» –
wofür Kohl zu diesem Zeitpunkt einen Zeithorizont von fünf
bis zehn Jahren veranschlagte.

Obwohl die Zehn Punkte sprachlich und inhaltlich nach allen
Seiten abgesichert waren und Kohl in keinem Punkt über Be-
kanntes oder über wiederholt geäußerte (Rechts-)Standpunkte
der Bundesrepublik hinausging, rief er ein gewaltiges Echo hervor. Denn Kohl hatte das Tabu gebrochen, regierungsoffiziell
über eine deutsche Wiedervereinigung zu sprechen – er hatte
das Thema nun definitiv auf die politische Agenda gesetzt. Und
er hatte instinktiv die Stimmung in der DDR-Bevölkerung und
ihre Entwicklungsrichtung erfasst.

Lange vor dem formellen Plebiszit für die Wiedervereinigung
schloss Kohl eine informelle nationale Koalition mit der Massenbewegung in der DDR, wie sich drei Wochen später, am

19. Dezember zeigte, als Kohl nach Dresden reiste. Wichtiger als das Gespräch mit Ministerpräsident Modrow, wichtiger auch als das Gespräch mit Oppositionsvertretern, mit denen der Bonner Kanzler nicht recht warm wurde, war Kohls direkte Begegnung mit der Bevölkerung, vor allem seine Rede vor der Ruine der Frauenkirche. Dass an diesem schicksalsträchtigen Ort in winterlicher Abendstimmung manches inszeniert war, änderte nichts daran, dass Kohl in einem Akt quasi-ritueller Akklamation von den Ostdeutschen gleichsam als Heilsbringer begrüßt wurde, deren mehrheitlichen Willen zur deutschen Einheit er fortan mit entschiedener Konsequenz in Politik umsetzte. Damit wurde die Bonner Regierung binnen weniger Wochen von einem Agenten zur bestimmenden Kraft. Diese vereinigungspolitische Dynamik in Deutschland kontrastierte freilich scharf mit den internationalen Reaktionen auf Kohls Offensive der Zehn Punkte.

3. Internationale Reaktionen

Eine Woche nach Kohls Proklamation der Zehn Punkte machten Gorbatschow und Schewardnadse dem nach Moskau gereisten Außenminister Genscher ohne Rücksicht auf den diplomatischen Komment den sowjetischen Standpunkt zu Kohls deutschlandpolitischer Initiative und zur deutschen Frage klar: Ein «Ultimatum» seien Kohls Zehn Punkte gewesen, wetterte der Kremlchef, eine «äußerst dreiste Einmischung in die inneren Angelegenheiten eines souveränen Staates». In einem fort ereiferte sich Gorbatschow, Kohl kommandiere einfach herum, führe sich auf «wie ein Elefant im Porzellanladen» und sei «offenbar bereits davon überzeugt, dass seine Musik, sein Marsch gespielt wird, und er hat bereits angefangen, dazu zu marschieren.» Unverhohlen spielte Gorbatschow auf die deutsche Vergangenheit an, als er daran erinnerte, «wozu diese kopflose Politik in der Vergangenheit geführt hat», und sein Außenminister legte noch nach (wobei nicht alle überlieferten Protokolle diese Äußerung enthalten): so etwas hätte sich «nicht einmal Hitler erlaubt».

Offenkundig fühlte sich Gorbatschow vom deutschen Bundeskanzler hintergangen, der ihm in ihrem Telefongespräch unmittelbar nach dem Fall der Mauer zugesagt hatte, die Stabilität zu bewahren. Für Gorbatschow hieß dies, die Eigenständigkeit der DDR zu respektieren, an deren weiterer Existenz er ebenso wenig einen Zweifel ließ wie an ihrer fortdauernden Mitgliedschaft im Warschauer Pakt. Gorbatschow ahnte zumindest im Herbst 1989, was eine deutsche Wiedervereinigung für seine Reformpolitik und für die Sowjetunion bedeuten konnte: An dem Tag, an dem sich Deutschland vereinige, so soll er Ende November zu Mitterrand gesagt haben, werde «ein Marschall der Sowjetunion meinen Platz einnehmen». Gorbatschow wollte eine reformsozialistische DDR, aber keine deutsche Wiedervereinigung.

Grundsätzlich hatte der Kreml, wo die großen außenpolitischen Entscheidungen in den Händen einer kleinen Gruppe von Männern lagen, im Hinblick auf die deutsche Wiedervereinigung vier Optionen: Man konnte, am einen Ende der Skala, den Wiedervereinigungsprozess befürworten und ihn entschlossen zugunsten sowjetischer Interessen zu gestalten versuchen. Die einfachste, aber den sowjetischen Interessen am meisten zuwiderlaufende Möglichkeit war zweitens, den Prozess einfach geschehen zu lassen und die eigene Haltung der fortschreitenden Entwicklung anzupassen. Drittens konnte die Sowjetführung versuchen, den Prozess zumindest zu verzögern und somit Zeit zu gewinnen, wie auch immer die Zeiten dann aussehen mochten. Am anderen Ende der Skala stand schließlich entschlossenes Zuwiderhandeln, wie es Gorbatschow Ende 1989 andeutete.

Die sowjetische Führung verfügte allerdings in den entscheidenden Monaten über keine kohärente deutschlandpolitische Position. Einen «surrealistischen Wust von Ideen» habe er bei seiner Rückkehr nach Moskau im Mai 1990 vorgefunden, meinte der Bonner Botschafter Julij Kwizinski. Zudem band die krisenhafte Zuspitzung innerhalb der Sowjetunion die Aufmerksamkeit der Sowjetführung: In Aserbaidschan brachen gewaltsame Auseinandersetzungen aus, und gegenüber den nach

Unabhängigkeit strebenden baltischen Republiken drohte eine militärische Intervention Moskaus. Vor diesem Hintergrund wuchsen die inneren Widerstände gegen Gorbatschow, der auf seine Umgebung «ratlos und bekümmert» wirkte. «Was soll ich nur tun?», so klagte er Ende Januar, «die Schläge werden immer schmerzhafter, die Wirtschaft treibt vor sich hin, das Volk ist an der Grenze seiner Kraft.» Chaos breitete sich aus, auch in der Partei und ihrer Führung, und ebenso im Behördenapparat. Gorbatschow war unentschlossen, gedanklich und sprachlich unklar, und Schewardnadse verwickelte sich zuweilen innerhalb eines einzigen Satzes in unauflösliche Widersprüche.

Vorbehalte gegen eine deutsche Wiedervereinigung herrschten unterdessen auch bei den westlichen Verbündeten der Bundesrepublik. Zwar hatten sich die drei westlichen Siegermächte im Deutschlandvertrag von 1954 verpflichtet, auf ein «wiedervereinigtes Deutschland» hinzuarbeiten, «das eine freiheitlich-demokratische Verfassung, ähnlich wie die Bundesrepublik, besitzt und das in die europäische Gemeinschaft integriert ist». Doch bekannte man sich in den westlichen Hauptstädten leicht zur deutschen Wiedervereinigung, so der vormalige britische Premierminister Edward Heath, «weil wir wussten, dass sie nicht passieren würde».

Die akuten Vorbehalte der regierenden britischen Premierministerin Margaret Thatcher speisten sich einerseits aus der Sorge vor einer Schwächung und einem Sturz Gorbatschows durch deutsche Turbulenzen, zugleich aber nicht weniger aus einem tiefsitzenden Ressentiment gegen Deutschland, wie sie in ihren Memoiren freimütig berichtet. «Seit der Einigung unter Bismarck hat Deutschland [...] stets auf unberechenbare Weise zwischen Aggression und Selbstzweifeln geschwankt.» Ein «wiedervereinigtes Deutschland ist schlichtweg viel zu groß und zu mächtig, als dass es nur einer von vielen Mitstreitern auf dem europäischen Spielfeld wäre. [...] Daher ist Deutschland vom Wesen her eher eine destabilisierende als eine stabilisierende Kraft im europäischen Gefüge. Nur das militärische und politische Engagement der USA in Europa und die engen Beziehungen zwischen den beiden anderen starken, souveränen Staaten

Europas, nämlich Großbritannien und Frankreich, können ein Gegengewicht zur Stärke der Deutschen bilden.»

Auch die *classe politique* in Frankreich reagierte überwiegend reserviert bis ablehnend auf Kohls Zehn-Punkte-Programm. An der Spitze der *Grande Nation* herrschten sicherheitspolitische Bedenken und allgemeine Unsicherheit gegenüber dem Nachbarn im Osten, beruhigt freilich durch die Erwartung, die Supermächte, vor allem die Sowjetunion, würden eine Auflösung der Pakte und eine Wiedervereinigung Deutschlands verhindern. Auch Staatspräsident François Mitterrand, Kohls wichtigster Partner in Europa, gab Rätsel auf, deren Lösung in seinen «zwei Seelen» lag: Er war für Selbstbestimmung, aber gegen die damit verbundenen Probleme. Als französischer Patriot hatte er alles Verständnis für die Nation, sorgte sich aber zugleich um die nationale Sicherheit und die Position Frankreichs in Europa, befürchtete eine französische Unterlegenheit gegenüber einem Deutschland, das – aus französischer Sicht – mit seiner ökonomischen Stärke und seiner Währung in Europa ohnehin bereits allzu sehr dominierte.

Am Rande des Straßburger EG-Gipfels am 8./9. Dezember trafen sich Thatcher und Mitterrand zu zwei Unterredungen. Der französische Präsident sei, wie Thatcher überliefert, über die Entwicklung in Deutschland noch besorgter gewesen als sie. Er fürchtete, so die britischen Aufzeichnungen, «dass er und die Premierministerin sich in der Situation ihrer Vorgänger in den 1930er Jahren wiederfänden, die es versäumt hatten, auf das beständige Vorwärtsdrängen der Deutschen zu reagieren. [...] Wir könnten uns in einer Position wiederfinden, in der wir ‹nein› zu den Deutschen sagen müssen. In Augenblicken großer Gefahr habe Frankreich in der Vergangenheit stets besondere Beziehungen zu England unterhalten. Er spüre, dass eine solche Zeit wiedergekommen sei.»

Unter den Vier Mächten nahmen einzig die USA eine grundsätzlich positive Haltung zur deutschen Einheit ein. In Washington war im Januar 1989 die Regierung Bush ins Amt gekommen. Sie sah sich, wie es Außenminister Baker formulierte, durch die permanenten internationalen «Charme-Offensiven»

Gorbatschows in der Weltöffentlichkeit in die Defensive gedrängt und nahm daher zunächst eine strategische Bestimmung ihrer Außenpolitik vor. Im Mai 1989 verkündete Bush das Ziel, «die Teilung Europas zu überwinden und eine auf westlichen Werten gegründete Einheit zu schmieden». In der Mainzer Rheingoldhalle erhob er die programmatische Forderung: «Let Europe be whole and free.» Da ein geeintes und freies Europa sich nicht mit einem zwangsweise geteilten Deutschland vereinbaren ließ, lag die Konsequenz für die Deutschlandpolitik auf der Hand: Öffentlich avisierte die US-Regierung einen «Zustand des Friedens in Europa, in dem das deutsche Volk seine Einheit durch freie Selbstbestimmung wiedergewinnt.»

Als das sowjetische Imperium im Herbst 1989 zusammenbrach, wandelte die amerikanische Offensive der westlichen Werte auf schmalem Grat zwischen missionarischer Ideologie und Realpolitik, um den Kalten Krieg im Sinne der westlichen Demokratie zu gewinnen, ohne den Verlierer gefährlich zu düpieren. Daher verhielt sich die US-Regierung nach dem Fall der Mauer demonstrativ zurückhaltend, statt öffentlich zu triumphieren. Auf Kohls Zehn Punkte freilich reagierte sie gleich am folgenden Tag mit vier Prinzipien, auf deren Grundlage Washington fortan die deutsche Wiedervereinigung unterstützte: erstens die ergebnisoffene Verwirklichung des Prinzips der Selbstbestimmung, zweitens der Verlauf in einem schrittweisen, nicht überstürzten Prozess, drittens die Unverletzlichkeit der Grenzen in Europa – und vor allem schließlich: die fortdauernde Zugehörigkeit eines vereinten Deutschland zur NATO und zur Europäischen Gemeinschaft. Das war nicht mehr und nicht weniger als die Forderung einer deutschen Einheit zu westlichen Maximalkonditionen.

Dass die vier Siegermächte des Zweiten Weltkrieges in der deutschen Frage ein gewichtiges Wort mitzureden gedachten, demonstrierten sie am 11. Dezember 1989, als auf sowjetische Initiative ihre vier Botschafter an einem hochsymbolischen Ort zusammenkamen: im Gebäude des Alliierten Kontrollrats in Berlin, der 1945, nachdem sie die staatliche Souveränität in Deutschland an sich genommen hatten, als oberstes Gremium der Alliierten eingerichtet und 1948 durch den Auszug des sowjetischen Vertreters gesprengt worden war. Und: Drei der vier Mächte standen einer deutschen Wiedervereinigung deutlich skeptisch, um nicht zu sagen ablehnend gegenüber, die im Übrigen auch bei vielen weiteren Regierungen auf Widerstände stieß, in Israel etwa, in Italien oder in den Niederlanden.

Zur gleichen Zeit hielt Mitterrand geradezu ostentativ an einem Besuch in der DDR fest, sein Außenminister sprach öffentlich von dem Punkt, «wo der Wille der einen auf den Widerstand der anderen stoßen kann», und sogar die amerikanische Regierung riet dem Bundeskanzler, «vorsichtiger mit den Sowjets, Briten und Franzosen umzugehen», – die internationalen Widerstände waren so stark geworden, dass Kohl Mitte Dezember offenkundig für einen Moment erwog, ein Moratorium in der Frage einer Wiedervereinigung anzubieten. Die innerdeutsche und die internationale Entwicklung liefen Ende 1989 in erheblicher Spannung auseinander. Dass sie im Januar allerdings schon wieder zusammenkamen, lag vor allem am Fortgang der Ereignisse in der DDR. Er schuf Tatsachen, denen sich die Opponenten schließlich nicht widersetzten.

4. Die DDR am Ende

Mit dem Fall der Mauer und der Öffnung der innerdeutschen Grenze hatte die SED endgültig die Kontrolle über die Entwicklung in der DDR verloren. Durch den Zerfall der Partei und angesichts eines ausbleibenden institutionellen Umsturzes tat sich ein Machtvakuum auf, in dem zunächst allein die bis dahin ganz von der Staatspartei dominierte Regierung als handlungsfähiges Organ innerhalb der DDR übrig blieb. Die letzten Hoffnungen des SED-Sozialismus, eine eigenständige DDR mit einer reformierten sozialistischen Wirtschafts- und Gesellschaftsordnung zu erhalten, lagen daher auf Hans Modrow, der am 13. November das Amt des Ministerratsvorsitzenden übernommen hatte.

Modrows Regierung beruhte, wie ihre Vorgänger in der DDR auch, auf einer Koalition der SED mit den Blockparteien. Ihr vordringlichstes Anliegen zielte auf wirtschaftliche Reformen nach Maßgabe einer eigenen Wirtschaftsordnung in der DDR, die auf einem «dritten Weg» zwischen Sozialismus und Marktwirtschaft möglichst viel vom «Volkseigentum» und vom staatlichen Planungs- und Lenkungsapparat erhalten sollte. Erste Schritte zur Einführung marktwirtschaftlicher Elemente paarten sich dabei mit Verzögerungen und Widersprüchen – oder wie es Rudolf Seiters, der Chef des Bonner Kanzleramts, formulierte: Die SED könne «auf einen vierzig Jahre lang beherrschten Apparat zurückgreifen, der den Sozialismus will. Andererseits gebe es eine Opposition, die ‹keine Marktwirtschaft kann›» – und deren erstes Interesse nicht die Wirtschaft war, als sie am Runden Tisch nach Jahren und Jahrzehnten der Unterdrückung politische Mitspracherechte gewann.

Nach der Konstituierung am 7. Dezember 1989 wurde am Runden Tisch bis zum 12. März sechzehnmal getagt. Die Ansprüche dieses improvisierten Gremiums außerhalb der Verfassungsstrukturen lagen zwischen einem Beratungs- und einem Entscheidungsorgan. Zugleich setzte er sich das Ziel, Vorschläge zur Überwindung der Krise vorzulegen und «bis zur Durchführung freier, demokratischer und geheimer Wahlen» drei zentrale Aufgaben zu erfüllen: die Vorbereitung dieser Wahlen, die Ausarbeitung einer demokratischen Verfassung sowie die Auflösung des Staatssicherheitsdienstes. Gerade dies war eine Quelle permanenter Auseinandersetzungen und Krisen, in denen sich verschiedene Konfliktlinien überlagerten: zunächst der Machtkampf zwischen den neuen Kräften der Opposition und den alten Kräften des Systems um die Auflösung der Staatssicherheit, und dann der Machtkampf zwischen Befürwortern und Gegnern einer schnellen deutschen Einheit, zwischen Oppositionsbewegung und SED-PDS einerseits, SPD und ehemaligen Blockparteien andererseits.

Gleich beim Zusammentritt des Runden Tisches forderte das Neue Forum «die vollständige Auflösung der nach innen gerichteten Strukturen der Staatssicherheit». Die Regierung hingegen versuchte, ein verkleinertes «Amt für Nationale Sicherheit» (AfNS) zu erhalten. Zugleich begannen die Angehörigen des

MfS in großem Stil, Akten zu vernichten und die Spuren der Überwachungsmaßnahmen zu verwischen. Vor diesem Hintergrund wurden bis Anfang Dezember 1989 fast alle Bezirks- und Kreisdienststellen besetzt und weitere Aktenvernichtungen unterbunden, während die Zentrale in der Berliner Normannenstraße weiterarbeiten konnte. Am 3. Januar verlangten die Oppositionsvertreter am Runden Tisch von der Regierung, die Staatssicherheit vollständig aufzulösen und Nachweise über die Entwaffnung der Stasi zu erbringen; andernfalls drohten sie, den Runden Tisch zu verlassen. Der Konflikt eskalierte, als am 15. Januar mehrere zehntausend Menschen vor der Zentrale der Staatssicherheit demonstrierten und sich eine Aktion des regionalen Bürgerkomitees mit einer Maßnahme des Neuen Forums und Gegenmaßnahmen des AfNS unkoordiniert verband. So gelangten die Demonstranten in den Gebäudekomplex, und der Nachmittag endete im Chaos und mit Sachschaden in Millionenhöhe.

Der Regierung Modrow entglitt zusehends die Kontrolle. Einerseits, im Hinblick auf die öffentliche Ordnung, war sie schwach, andererseits, im Hinblick auf die Staatssicherheit, erschien sie als verlogen. Hatte Modrow die Hoffnung gehegt, die Initiative für die SED-PDS zurückzugewinnen, so verlor er die Legitimität, die eine SED-Reformregierung überhaupt besaß. Der 15. Januar signalisierte, dass nicht nur die Regierung, sondern die gesamte DDR in den Zustand der Auflösung überging.

Anfang 1990 war die Produktion in der DDR um über 6 Prozent gegenüber dem Herbst 1989 zurückgegangen. Währenddessen wurde die D-Mark immer mehr zum Zahlungsmittel in der DDR, deren Wirtschaft zunehmend Auflösungserscheinungen an den Tag legte. Am 29. Januar 1990 leistete Hans Modrow vor der Volkskammer nachgerade einen Offenbarungseid: Die ökonomische Lage verschlechtere sich «besorgniserregend», verschiedene Störungen setzten «Kettenreaktionen für viele Betriebe, für die Versorgung der Bürger sowie für die gesundheitliche Betreuung» in Gang. Die Spannungen könnten, so die Quintessenz, «mit den vorhandenen politischen Strukturen immer weniger beherrscht werden». Am 5. Februar prophe-

zeite der *Spiegel*: «Es kracht schon im Februar [...] – die ostdeutsche Wirtschaft steht vor dem totalen Zusammenbruch.»

Dazu trug auch der nicht abreißende Strom der Übersiedler
bei. 344 000 Ostdeutsche waren im Jahr 1989 aus der DDR in
die Bundesrepublik gekommen, 225 000 waren es zwischen
dem 9. November und Ende Januar 1990, und zu Beginn des
neuen Jahres verließen täglich rund 2000 Menschen das Land.
Sie sahen in der DDR keine Perspektive, und ihre Abwanderung
verschlechterte abermals die Chancen der DDR, sich aus eigener Kraft zu retten, womit der Teufelskreis einer weiteren Ab-
wanderungsbewegung in Gang gesetzt wurde.

So stand die DDR nach der friedlichen Revolution und der
Öffnung der innerdeutschen Grenzen vor einer dreifachen Herausforderung: ein freiheitlich-demokratischer Rechtsstaat zu
werden, die Lebensbedingungen der Ostdeutschen substantiell
zu verbessern und die Massenabwanderung nach Westen zu
stoppen. Diese Konstellation setzte den Handlungsspielräumen
aller Beteiligten enge Grenzen. Weder die Regierung Modrow
mit ihrer Hoffnung auf eine gewendete SED-Herrschaft noch
der Runde Tisch mit seiner Hoffnung auf einen reformierten Sozialismus in einer eigenständigen DDR hatten in dieser Situation eine reelle Chance. Sie wurden zu Übergangsphänomenen,
wie sie für revolutionäre Umbrüche typisch sind.

Innerhalb der Regierung setzten sich die vormaligen Blockparteien, die sich zunehmend nach Westen orientierten, zusehends vom Ministerpräsidenten ab. Um die Basis seiner Regierung zu verbreitern, machte Modrow am 15. Januar 1990 dem
Runden Tisch seine Aufwartung und forderte die Teilnehmer
auf, sich unmittelbar und verantwortlich an der Regierungsar-
beit zu beteiligen. Nach zähen Verhandlungen traten am 5. Februar acht Vertreter der bisherigen Opposition als Minister ohne
Geschäftsbereich in das Kabinett Modrow und somit in den alten administrativen Apparat der DDR ein. Der letzte sozialistische Ministerpräsident führte nun eine Koalition aus 13 verschiedenen Parteien und Gruppen. Einerseits erfuhr der Runde
Tisch somit eine Aufwertung im prekären Institutionengefüge
der untergehenden DDR. Andererseits verlor die Arbeit des

Runden Tisches unter wachsenden Bergen von Positionspapieren und Beschlussvorlagen zunehmend Kontur und Linie.

Dies zeigte sich nicht zuletzt in der Verfassungsfrage, dem zweiten zentralen Aufgabenfeld des Runden Tisches. Die Sozialcharta vom 5. März enthielt, einschließlich des Rechts auf Arbeit, eine lange sozialpolitische Wunschliste – offen blieb allein die Frage der Finanzierung. Einen vollständigen Entwurf für eine eigene Verfassung konnte der Runde Tisch nicht mehr fertigstellen. Stattdessen legte die «Arbeitsgruppe Neue Verfassung der DDR» in der letzten Sitzung am 12. März «Gesichtspunkte für eine neue Verfassung» vor, und Anfang April stellte sie der neugewählten Volkskammer einen Gesamtentwurf zu, der bei den neuen Mehrheitsfraktionen wenig Interesse fand. Das Erbe der Vorstellungen der Oppositionsbewegungen in der Spur des «dritten Weges» wurde von den Entwicklungen in der DDR überrollt.

Und auch gegenüber der Bundesrepublik gerieten die Regierung Modrow und der Runde Tisch mehr und mehr ins Abseits. Am 1. Februar erklärte Bundeskanzler Kohl, Verhandlungen nicht mit Modrow, sondern «mit einer aus freien Wahlen hervorgegangenen Regierung der DDR» führen zu wollen. So lehnte Kohl auch die Forderung des Runden Tisches nach einem bundesdeutschen Solidarbeitrag in Höhe von 10 bis 15 Milliarden D-Mark für die DDR ab, die Modrow zu einem Regierungsbesuch am 13. und 14. Februar mit nach Bonn brachte. Matthias Platzeck, einer der Ost-Berliner Minister ohne Geschäftsbereich, brachte die gesamte Enttäuschung der Oppositionsbewegung in der DDR zum Ausdruck, wie das Protokoll ausweist: «Es gebe den Eindruck einer gewissen Fremdsteuerung. Hilfe der BRD wäre früher notwendig gewesen. [...] Mit den ‹Brüdern und Schwestern› dürfe man nicht taktieren. Die Ziele des Oktobers dürften nicht umsonst gewesen sein.» «Das Klima ist frostig», bemerkte auch Helmut Kohl, «die Delegation aus Ost-Berlin fühlt sich gedemütigt.» In aller Deutlichkeit zeichnete sich die Dominanz ab, die der Bonner Exekutive um die Jahreswende 1989/90 zugefallen war und mit der sie fortan den Weg bestimmte, der zur Wiedervereinigung führte.

Am Runden Tisch in Ost-Berlin herrschte Verbitterung. Dafür «schimmerte eine neue DDR-Identität auf, eine jetzt gegen die Bundesrepublik gerichtete Solidargemeinschaft», notierte der westdeutsche Politikwissenschaftler Uwe Thaysen, der die gesamten Beratungen des Runden Tisches als Augenzeuge verfolgte und dokumentierte. Eine Mischung aus «Selbstwertbehauptung und Wagenburgmentalität» kam auf. Demgegenüber richtete sich die Orientierung breiter Teile der Bevölkerung in der DDR immer mehr auf die Bundesrepublik. Schon Anfang Januar überwogen auf den noch stattfindenden Demonstrationen die Stimmen für die deutsche Einheit, und zunehmend machte sich Ungeduld breit, die auf bessere, auf westdeutsche Lebensbedingungen zielte: «Kommt die D-Mark, bleiben wir, kommt sie nicht, geh'n wir zu ihr!»

Klärung in dieser uneindeutigen Situation konnten nur freie Wahlen bringen – die dritte zentrale Aufgabe des Runden Tisches –, in denen sich das Selbstbestimmungsrecht der Ostdeutschen durch Mehrheitsentscheidung manifestierte. Ende Januar wurde der Wahltermin für die ersten freien Volkskammerwahlen in der Geschichte der DDR unter dem Druck der Ereignisse auf den 18. März vorverlegt.

5. Weichenstellungen für die Einheit

In der Bundesrepublik lag wenig, ja faktisch keinerlei verlässliches Wissen über den Zustand der Volkswirtschaft der DDR vor. Dem augenscheinlichen Eindruck maroder Gebäude, heruntergekommener Anlagen und verfallener Infrastruktur standen Zahlen wie diejenige von der zehntgrößten Volkswirtschaft der Welt, einem Netto-Nationaleinkommen von 1,4 Billionen DDR-Mark oder einem Staatseigentum von 6,2 Millionen Hektar an Grund und Boden gegenüber, wie sie Hans Modrow voller Überzeugung nannte. Auch der Gang der weiteren ökonomischen Entwicklung war, aus östlicher wie aus westlicher Perspektive, schwer abschätzbar.

Grundsätzlich aber herrschte in der Bundesregierung und auch bei führenden Vertretern der westdeutschen Wirtschaft die

Erwartung vor, dass der Zustand der DDR überwindbar sei und
eine schnelle Aufwärtsentwicklung, ja ein «Wirtschaftsboom»
(Helmut Kohl) einsetzen werde, wenn erst die Rahmenbedingungen für eine Marktwirtschaft nach bundesdeutschem Vorbild geschaffen seien – es war die optimistische Erwartung der
«Generation Bundesrepublik», gespeist aus den Erfahrungen
des Wirtschaftswunders und der bundesdeutschen «Erfolgsgeschichte» nach 1945. Dass sich die DDR dann innerhalb von
fünf Jahren in ein «wirtschaftlich blühendes Land» verwandelt
haben werde, war Helmut Kohls volle Überzeugung. Selbst der
in vieler Hinsicht skeptische Bundesbankpräsident Pöhl ging
davon aus, dass zwar «riesige Transferleistungen erforderlich»
seien, «wir sollten uns von diesen großen Zahlen jedoch nicht
schrecken lassen. Am Ende werde Deutschland wohlhabender
sein als heute.»

Eine solch optimistische Prognose gab den Akteuren die nöti-
ge Zuversicht, den ebenso unabsehbaren wie risikoreichen und
völlig unerprobten Weg zur raschen Herstellung der deutschen
Einheit einzuschlagen. Anfang Januar 1990 wurde angesichts
der Entwicklung in der DDR klar, dass der Zwischenschritt einer Konföderation oder konföderativer Strukturen, den Kohls
Zehn-Punkte-Programm vorgesehen hatte, ebenso übersprun-
gen werden musste wie eine deutsch-deutsche Vertragsgemeinschaft. Stattdessen ging die Bundesregierung Ende Januar und
Anfang Februar, so eine Aufzeichnung aus dem Kanzleramt, zu
einer «Politik der großen Schritte» über.

Am 6. Februar schlug Kohl öffentlich eine deutsch-deutsche
«Währungsunion auf der Grundlage unmittelbar einzuleiten-
der, tiefgreifender marktwirtschaftlicher Reformen in der DDR»
vor. Die Bundesregierung hatte sich mit diesem Schritt auf einen
direkten, stufenlosen Übergang von der Plan- zur Marktwirtschaft nach westdeutschem Muster festgelegt und griff damit
direkt auf die DDR zu, von der das Angebot den geld- und währungspolitischen Souveränitätsverlust forderte. Das Bonner
Einheitskonzept zielte auf eine Wiedervereinigung durch die
vollständige Integration der DDR in das bundesdeutsche Modell, um dessen Leistungsfähigkeit für den Aufbau in einem ver-

einten Deutschland nutzbar zu machen. Damit würde zugleich die Dominanz, die der bundesdeutschen Seite im Prozess der deutschen Einheit kurzfristig zugefallen war, von dauerhafter Art sein, weil in der DDR keine ökonomische und administrative Expertise für die Angleichung der Wirtschaftsordnung und der Sozialsysteme, des Rechtswesens und der inneren Ordnung an die Bundesrepublik vorhanden war.

Innerhalb von zwei Monaten war die Bonner Regierung zum dominierenden Akteur in der deutschen Frage geworden. Im Oktober und November 1989 war die Bürgerbewegung der DDR noch die treibende Kraft gewesen, während die Bundesregierung vorwiegend reagiert hatte. In der Übergangszeit um die Jahreswende, zwischen Kohls Coups des Zehn-Punkte-Programms Ende November und des Angebots der Währungsunion Anfang Februar, ging die Initiative zunehmend auf die Bundesregierung über, während die reformsozialistische Regierung Modrow und der Runde Tisch mit den Vorstellungen eines «dritten Weges» der DDR auf ein totes Gleis fuhren. Ein entscheidendes Wort hatte freilich die Bevölkerung der DDR zu sprechen: Die vorgezogenen Volkskammerwahlen, die ersten freien Wahlen in der DDR, waren der Moment, in dem die DDR-Bevölkerung ihre maximale Selbstbestimmung erreichte – und das Gesetz des Handelns zugleich in die Hände der Bonner Regierung legte. Vor dem Wahltag hatte es zunächst gar nicht danach ausgesehen.

Die westliche Dominanz im Einigungsprozess machte sich mit dem massiven Eingreifen der bundesdeutschen Parteien in den Volkskammerwahlkampf der DDR bemerkbar. An die Stelle der kaum organisierten Bürgerbewegung und des zunehmend isolierten Runden Tisches trat die politische Artikulation der ostdeutschen Gesellschaft durch ein Parteiensystem, das nach westdeutschem Vorbild umgestaltet wurde und in dem die Parteien der DDR nach Möglichkeit Verbindungen mit den bundesdeutschen Pendants eingingen.

Zentrale Bedeutung gewann die Allianz für Deutschland, die unter maßgeblichem Einfluss der westdeutschen CDU am 5. Februar gegen vielfältige innere Widerstände drei unterschiedliche politische Strömungen der DDR zusammenbrachte: die ehemalige Blockpartei CDU, die sich Ende 1989 von sozialistischen Vorstellungen gelöst hatte und sich zunehmend an den Vorstellungen der West-CDU orientierte, den aus der Oppositionsbewegung stammenden Demokratischen Aufbruch, der sich eine marktwirtschaftliche und antisozialistische Richtung gegeben hatte, sowie die Deutsche Soziale Union, die sich an der bayerischen CSU orientierte.

Der Wahlkampf der Allianz lebte von der massiven Unterstützung durch die Bonner CDU-Zentrale, die eine an ostdeutsche Kommunikationsformen angepasste westdeutsche Kampagne unter Großeinsatz der politischen Prominenz aus der Bundesrepublik inszenierte. Insbesondere Helmut Kohl selbst zog als Wahllokomotive, auf ihn als «Kanzler der Einheit», wurde der Wahlkampf fokussiert. Westliche Wahlkampfformen und Sprachmuster beschränkten die politischen Aussagen auf wenige eindeutige Botschaften: «Nie wieder Sozialismus – Ja! – Freiheit und Wohlstand».

Auch der Wahlkampf des an der bundesdeutschen FDP orientierten «Bundes Freier Demokraten» wurde aus der westdeutschen Parteizentrale gesteuert. Zugkräftigste Figur war der aus Halle stammende Bundesaußenminister Genscher. Die Einzelparteien des Wahlbündnisses traten hingegen kaum ins Bewusstsein: die ehemalige Blockpartei LDPD, die neugegründete FDP der DDR und die vom Neuen Forum abgespaltene «Deutsche Forumpartei».

Weniger vom Westen gelenkt war der Wahlkampf der in der DDR und innerhalb der Revolution eigenständigeren SPD, die als haushoher Favorit in den Volkskammerwahlkampf ging. Mitte Januar hatte sie ihre Namensangleichung an die westdeutsche Sozialdemokratie vorgenommen, und seitdem orientierte sie sich immer deutlicher an Positionen der West-SPD, war allerdings klarer vereinigungsorientiert. Hinderlich für die SPD der DDR wirkte demgegenüber die Uneinigkeit innerhalb der westdeutschen SPD, zumal zwischen ihrem *elder statesman* und Einheitsbefürworter Willy Brandt auf der einen Seite und dem zum Kanzlerkandidaten gekürten Oskar Lafontaine auf der anderen mit seiner unübersehbaren Distanz gegenüber einer Wiedervereinigung und der Ost-SPD.

Ohne Unterstützung einer westdeutschen Partei schloss sich das Neue Forum mit der «Initiative Frieden und Menschenrechte» und mit Demokratie Jetzt zum «Bündnis 90» aus dem Herzland der ostdeutschen Bürgerrechtsbewegung zusammen. Basisdemokratisch-alternativ angelegt, intellektuell in der Argumentation und stark auf Berlin bezogen, wurde bald deutlich, dass die treibende Bewegung des Herbstes 1989 keine Massenanhängerschaft in der Bevölkerung besaß. Ohne westlichen Partner zog auch die Nachfolgerin der DDR-Staatspartei in den Wahlkampf. Die PDS blieb eine streng sozialistische Partei in einer ganz eigenen Mischung aus Kontinuität – hinsichtlich der Mitgliederstruktur, der Mentalität der Kader und des Geistes der SED, auch organisatorischer Fragen sowie des Parteivermögens – und programmatischer Neuorientierung, die vor allem von der Parteispitze um Gregor Gysi ausging. Die PDS stellte sich auf den westlich geprägten Wahlkampf ein und machte das Beste aus ihrer Außenseiterposition, in der sich die ehemals alles beherrschende Staatspartei durchaus inszenieren konnte. Sie stilisierte sich als Verteidigerin von Identitäten und Errungenschaften der DDR und kultivierte Ängste und Ressentiments gegenüber dem Westen.

Am Wahltag kam wieder einmal alles anders als erwartet: 48,0 Prozent der abgegebenen Stimmen und 192 von 400 Mandaten gewann die Allianz für Deutschland, 40,8 Prozent allein die Ost-CDU. Die SPD hingegen erreichte mit 21,9 Prozent und 88 Mandaten nicht einmal die Hälfte des Erhofften. Über ihre Erwartungen hinaus ging hingegen das Ergebnis der PDS, die mit 16,4 Prozent immerhin jede sechste Stimme für sich gewann und somit drittstärkste Kraft wurde – vor dem Bund Freier Demokraten (5,3 Prozent) und Bündnis 90 mit 2,9 Prozent. Die Allianz für Deutschland und der Bund Freier Demokraten, das Spiegelbild der Bonner Koalition, verfügten in der ersten frei gewählten Volkskammer somit über eine solide absolute Mehrheit und gemeinsam mit der SPD sogar über eine verfassungsänderne Zwei-Drittel-Mehrheit.

Mit der Volkskammerwahl hatte die Bevölkerung der DDR ihren Willen manifestiert. Innerhalb der DDR setzte sie die Vorzeichen uneingeschränkt auf deutsche Einheit, und der Auftrag an die Wahlsieger lautete: Abwicklung des eigenen Staates und rascher Beitritt zur Bundesrepublik. Innerdeutsch war unverkennbar, dass die 48 Prozent in erster Linie, wie der *Spiegel* titelte, «Kohls Triumph» darstellten. Der Umschlag der ostdeutschen Revolution in die geregelten Bahnen einer Vereinigung mit der Bundesrepublik war damit endgültig vollzogen. Dabei übertrug die Mehrheit der Ostdeutschen, die im Herbst das SED-Regime zum Einsturz gebracht hatte, die Verantwortung auf die Regierung Kohl – und verband damit hohe Erwartungen von schnellem Wohlstand an den Staat und an den Westen, die aus Bonn zugleich kräftig geschürt worden waren. Langlebige Dissonanzen und Missverständnisse im vereinten Deutschland waren in diesen entscheidenden Wochen der Wiedervereinigung angelegt.

Auf internationaler Ebene schließlich dokumentierten die Volkskammerwahlen in aller Eindeutigkeit die Ausübung des Selbstbestimmungsrechts zugunsten einer raschen Wiedervereinigung. Das allein war noch nicht auschlaggebend, aber doch eine Aussage von erheblichem Gewicht, die die Position der Bundesregierung nachdrücklich bekräftigte.

IV. Wiedervereinigung und Weltpolitik

Im November 1989 war eine baldige Wiedervereinigung Deutschlands allseits für höchst unwahrscheinlich gehalten, von der Sowjetunion strikt abgelehnt und auch in Westeuropa überwiegend nicht gewünscht worden. Gut zwei Monate später wurde eine Wiedervereinigung, auch ihre schnelle Herbeiführung, allseits anerkannt. Was in der Rückschau wie ein Selbstläufer erscheinen mag, war es zeitgenössisch gesehen freilich keineswegs – im Gegenteil: diese Entwicklung zählt zu den vielen unerwarteten Wendungen der deutschen Revolution.

Möglich wurde sie durch eine spezifische Konstellation: Erstens zeichnete sich mehr und mehr ab, dass die Ostdeutschen ihr Selbstbestimmungsrecht zugunsten einer deutschen Wiedervereinigung ausüben wollten. Daraus folgte freilich kein Automatismus, vielmehr konnte das Selbstbestimmungsrecht seine Grenze finden, wenn andere Staaten massive eigene Sicherheitsinteressen dagegen geltend machten. Dass dies nicht geschah, lag zweitens an der Konfusion in der sowjetischen Führung und drittens an der mangelnden Abstimmung zwischen den potentiellen Veto-Spielern, während Washington, viertens, die Politik der Bonner Regierung unterstützte, die fünftens an ihrer Vereinigungspolitik festhielt und dabei das internationale Gewicht der Bundesrepublik zur Geltung brachte. Hinzu kam schließlich die Entwicklung in der DDR: Drohender innerer Kollaps und Massenflucht schufen politischen Handlungsbedarf und gaben der Bundesregierung zugleich schlagende Argumente für ihr schnelles Handeln an die Hand.

Das Tempo des Prozesses wurde immer höher, zusätzlich angetrieben durch die wachsende Sorge vor der Entwicklung in der Sowjetunion, konkret: vor einem Machtverlust Gorbatschows, der das Fenster der Gelegenheit wieder zugeschlagen hätte. Kohl verglich die Situation mit der eines Bauern, «der vorsorglich, weil möglicherweise ein Gewitter droht, die Heuernte einbringen möchte». Hatte er noch zum Zeitpunkt des Zehn-Punkte-Programms einen Zeithorizont von fünf bis zehn Jahren veranschlagt, so kristallisierte sich spätestens im Mai 1990 heraus, dass die staatliche Einheit noch im selben Jahr hergestellt werden könnte.

Dazu war eine Fülle von Entscheidungen zu treffen, mit denen – 45 Jahre nach 1945 – die Nachkriegszeit beschlossen wurde und die zugleich die künftige Ordnung Europas bestimmten. Auf internationaler Ebene stellten sich drei grundlegende Probleme: die Bündniszugehörigkeit eines vereinten Deutschland als der «Kern der Deutschlandfrage» (Valentin Falin), einschließlich der Frage, ob Gorbatschow die deutsche Einheit verkauft (oder gar verschenkt) habe; des Weiteren eine Frage, um die bitterer internationaler Streit entbrannte, obgleich sie in der Sache gar nicht strittig war: die deutsch-polnische Grenzfrage; und schließlich die europäische Einbindung der deutschen Einheit mitsamt der Frage, ob Bonn die D-Mark für die Wiedervereinigung geopfert habe.

1. Zwei plus Vier und zwei plus eins: Der internationale Prozess

In den Monaten des weltpolitischen Umbruchs waren die DDR und das zerfallende Imperium für den Kreml von nachrangiger Bedeutung gegenüber den Schwierigkeiten innerhalb der Sowjetunion; zudem erwies sich Gorbatschows Zielvorstellung einer reformsozialistischen DDR als inkompatibel mit der allgemeinen Entwicklung. Die rigide Ablehnung einer deutschen Wiedervereinigung, wie sie zunächst vertreten wurde, stellte daher keine dauerhaft tragfähige Position dar. Von den verfügbaren Optionen wurde letztlich diejenige realisiert, die den sowjetischen Interessen am wenigsten entsprach: das Geschehenlassen und die reaktive Anpassung an die Entwicklung. Aus sowjetischer Perspektive war die deutsche Wiedervereinigung ein Spiel, wie Julij Kwizinski formulierte, «in dem wir von Tag zu Tag einen Trumpf nach dem anderen verloren».

Offenkundig ohne vorherige konzeptionelle Diskussion beschloss ein informeller Kreis in Gorbatschows Büro am 26. Januar 1990, keine acht Wochen nach der scharfen Replik auf Kohls Zehn Punkte, die deutsche Einheit nunmehr als gegeben hinzunehmen. «Hauptsache ist», so formulierte Gorbatschow das wichtigste Ziel, «dass niemand sich darauf Hoffnung machen darf, dass das wiedervereinigte Deutschland der NATO beitreten wird.» Einen Abzug der sowjetischen Streitkräfte aus Deutschland hielt der Kremlchef durchaus für möglich, aber nur, «wenn die Amerikaner ihre Truppen ebenfalls abziehen. Sie werden es jedoch noch lange nicht tun.» Dabei setzte er statt auf strikte Ablehnung wie noch im Dezember nunmehr darauf, «Zeit zu gewinnen» und den Prozess zu verzögern.

Einheit ja, NATO-Mitgliedschaft nein – als Gorbatschow die neue sowjetische Position am 10. Februar in Moskau der westdeutschen Delegation kommunizierte, war der erste Durchbruch erzielt und zugleich die zentrale Streitfrage benannt, in der Bonn wiederum die westeuropäischen Regierungen auf seiner Seite wusste.

Die unerwartet schweren Ressentiments im westlichen Nachbarland hatten in Bonn zunächst «Rätselraten über die Absichten des französischen Präsidenten» (Teltschik) in Gang gesetzt. Am 4. Januar 1990 reiste Kohl daraufhin nach Latche in der Gascogne, wo ihn Mitterrand – stets vage Sphinx – auf seinem Landsitz empfing und zunächst, wie sich Kohl später erinnert, ungewöhnlich befangen wirkte. Mitterrands oberstes deutschlandpolitisches Interesse lag schon vor der deutschen Revolution in einer vertieften europäischen Integration, um «den deutschen Riesen zu bändigen», wie es Margaret Thatcher formulierte. Das zentrale Instrument dafür war die einheitliche europäische Währung, mit der die Dominanz der D-Mark gebrochen werden sollte. Und dies sollte umso mehr gelten, wenn eine deutsche Einheit schon nicht zu verhindern war. Damit war Mitterrand der einzige Kritiker der Wiedervereinigung mit einer konkreten und konstruktiven eigenen Zielperspektive, und dies war auch der wesentliche Unterschied gegenüber der britischen Premierministerin. «Letztlich stellt er die Bedingungen», so sein Generalsekretär Hubert Védrine, «während sie dagegen ist.»

Margaret Thatcher berief noch Ende März 1990 eine Deutschland-Konferenz mit Historikern und Publizisten auf dem Landsitz der britischen Premierminister in Chequers ein. Der Rat der Experten freilich lautete, keine Sorge vor einer Wiedervereinigung zu haben und «nett zu den Deutschen» zu sein. Wie das Seminar zeigte, war Thatcher in dieser Frage in Großbritannien isoliert. Auch Außenminister Douglas Hurd hatte auf eine konstruktive Gestaltung statt einer bloßen Blockade der deutschen Einigung gedrängt und sich zunehmend von der Premierministerin distanziert. Als die Entscheidung für eine deutsche Einheit gefallen war, zog sie sich aus der vordersten Kampflinie zurück und überließ dem Foreign Office das Feld für die konkrete Ausgestaltung des internationalen Prozesses.

Am 13. Februar 1990 wurde, am Rande einer Konferenz in Ottawa, der «Zwei-plus-Vier-Prozess» zur Diskussion der äußeren Aspekte der deutschen Vereinigung auf der Ebene der Außenminister der beiden deutschen Staaten, der USA, der Sowjetunion, Großbritanniens und Frankreichs eingesetzt. Sowohl Bonn als auch Washington reklamierten im Nachhinein die Idee zu diesem Verfahren für sich. Dabei lag die Idee eines Sechsergremiums geradezu in der Luft, um den mäandernden Prozess zu kanalisieren, ohne ihn durch eine Friedenskonferenz mit weiteren europäischen Mächten, gar allen 1945 mit Deutschland im Krieg befindlichen Staaten ausufern zu lassen. Zugleich stand das andere Extrem einer «Vier-plus-Null-Version», das wohl nicht nur der französische Außenminister bevorzugt hätte, nicht ernsthaft zur Debatte.

Der Zwei-plus-Vier-Prozess schuf ein geordnetes Verfahren zur Herstellung der deutschen Einheit auf internationaler Ebene. Er bezog die Skeptiker und Opponenten in den Prozess ein, insbesondere die Sowjetunion, die bislang nur ungeordnet hatte reagieren können. Das Zwei-plus-Vier-Forum tagte auf Ministerebene schließlich viermal – zum Gremium der wesentlichen Entscheidungen im Prozess der Wiedervereinigung wurde es freilich nicht. Diese fielen vielmehr auf der Ebene zwei plus eins, im Dreieck Washington - Moskau - Bonn, während die aus der Oppositionsbewegung nach der Volkskammerwahl ins Ministeramt gekommenen Verantwortlichen in Ost-Berlin keine Chance hatten, ein Bein auf das diplomatische Parkett zu bringen.

Entscheidend war der enge westdeutsch-amerikanische Schulterschluss, der endgültig besiegelt wurde, als Helmut Kohl Ende Februar 1990 nach Camp David reiste. Die amerikanische Regierung war beunruhigt, weil Kohl sich bis dahin nicht eindeutig zur NATO-Mitgliedschaft eines gesamten vereinten Deutschlands geäußert hatte, es gar heftigen Streit im Bundeskabinett über diese Frage gegeben hatte, die für Washington von essentieller Bedeutung war. Daher strebten Bush und Baker, wie es der Sicherheitsberater des Präsidenten formulierte, einen «historischen Handel» mit Kohl an: die volle Aufrechterhaltung der deutschen NATO-Verpflichtungen gegen die amerikanische Abschirmung des Vereinigungsprozesses nach außen.

Tatsächlich verabredeten Bonn und Washington in Camp David, unter beinahe vollständiger Harmonisierung der beiderseitigen Positionen, eine für den weiteren Fortgang wegweisende Aufgabenteilung. Die Bundesregierung sorgte für die innerdeutsche Administration der Wiedervereinigung und für die materielle Ausgestaltung gegenüber der Sowjetunion, während die US-Regierung die Federführung auf internationaler und sicherheitspolitischer Ebene übernahm. Dabei hatte sie mit der Zielmarke der NATO-Vollmitgliedschaft eines vereinten Deutschland nichts anderes als eine westliche Maximalposition gesetzt, die so in keinem Wiedervereinigungsszenario der unmittelbaren Nachkriegsjahrzehnte vorgekommen war.

Dass dies gelingen würde, war in Camp David noch nicht abzusehen. Doch äußerte Kohl eine Erwartung, die am Ende so exakt eintraf, dass er es selbst nicht glaubte: «Der Bundeskanzler fragt, ob es nicht denkbar wäre, dass die Sowjetunion so spiele, dass sie zunächst einmal Gespräche im Rahmen Zwei plus Vier führen und dann ein letztes Wort mit dem Präsidenten der USA im Juni bei dem Gipfel haben wolle. Er hege diese Vermutung. Wie er Gorbatschow einschätze und seine Lage sehe, sei die Frage nicht einfach für ihn. [...] Aus seiner Sicht ist jetzt viel Prestige im Spiel. Die Sowjetunion habe aus der Sicht Gorbatschows in Wahrheit nur einen Partner, nämlich die USA. [...] Gorbatschow werde im Gespräch mit Präsident Bush diese Konzession machen.»

2. Die deutsch-polnische Grenze

Die Grenzfrage löste die größten internationalen Irritationen im gesamten Wiedervereinigungsprozess aus. Die Kontroverse ließ erahnen, wie fragil das gegenseitige Vertrauen war und welche Konfliktpotentiale der Entwicklung innewohnten – und blieb doch letztendlich ein erratischer Block innerhalb des Gesamtgeschehens.

Die polnische Regierung unter dem ersten nichtkommunistischen Ministerpräsidenten Mazowiecki akzeptierte das Recht der beiden deutschen Staaten auf eine Wiedervereinigung. Zugleich aber forderte sie eine völkerrechtlich verbindliche Regelung der Oder-Neiße-Grenze noch vor der Vereinigung, denn tief saßen die polnischen Ängste um die Westgrenze des Landes. Diese war, nachdem die Potsdamer Konferenz vom Juli/August 1945 die deutschen Ostgebiete (mit Ausnahme des der Sowjetunion zugeschlagenen nördlichen Ostpreußen) «der Verwaltung des polnischen Staates unterstellt» hatte, einem späteren, aber nie geschlossenen Friedensvertrag überlassen worden. Völkerrechtlich gesehen war die Abtrennung der ehemaligen deutschen Gebiete östlich von Oder und Neiße keineswegs besiegelt.

Historisch-politisch und in internationaler Perspektive sah dies freilich ganz anders aus: Eine deutsche Politik mit dem Ziel einer «großen Wiedervereinigung» und der Revision der deutsch-polnischen Grenze lag 1989 außerhalb jeder Diskussion. So zielte auch Helmut Kohls Aussage, niemand in Deutschland wolle die Vereinigung mit «der Verschiebung bestehender Grenzen» verbinden, ebenso auf das polnische Bedürfnis nach sicheren Grenzen wie die Formulierung aus der Erklärung des Deutschen Bundestags vom 8. November 1989: «Das Rad der Geschichte wird nicht zurückgedreht.»

Bestätigt durch das Urteil des Bundesverfassungsgerichts vom 31. Juli 1973 zum Grundlagenvertrag stand Kohl freilich juristisch auf dem Standpunkt, dass die deutsch-polnische Grenze erst durch ein vereinigtes und vollständig souveränes Deutschland anerkannt werden könne. Gegen eine offizielle Festlegung in der Grenzfrage sträubte sich Kohl freilich nicht nur aus rechtlichen Gründen, sondern mehr noch aus innenpolitischen Rücksichten auf die für die Union wichtige Klientel der Vertriebenen, deren offizielle Vertreter die Anerkennung der Oder-Neiße-Grenze ablehnten. Dass der, so der Präsident des Bundes der Vertriebenen, «überstürzte, gedanken- und geschichtslose Verzicht» auf die deutschen Ostgebiete «zu gefährlichen Schärfen und ebenso gefährlichen Mehrheiten in der deutschen Innenpolitik» führen könne, nahm Kohl als innenpolitische Drohung durchaus ernst. Um das Einverständnis der Vertriebenen zu gewinnen, wollte er ihnen die Anerkennung der Grenze als unvermeidliche deutsche Konzession für den Gewinn der Einheit vorlegen und diesen unumgänglichen Schritt daher erst möglichst spät tun. Dies wiederum führte zu äußeren und inneren Irritationen und Konflikten, deren Ausmaß Kohl offenkundig unterschätzte.

International nämlich fand die polnische Position breite Unterstützung, besonders vehement in Paris, doch drängten auch die anderen Regierungen auf eine möglichst rasche endgültige Regelung der Grenzfrage. Zunehmend trat vor allem die französische Regierung als Sachwalter der polnischen Interessen hervor. Nicht dass in Paris eine revisionistische deutsche Politik erwartet worden wäre – doch Kohls völkerrechtliche Begründung wurde als Vorwand und sein grenzpolitisches Lavieren als Wahltaktik aufgefasst. Allgemein wuchs der Druck auf den Bundeskanzler, sich in der polnischen Frage zu bewegen.

Kohl hingegen blieb bei seinen bekannten Formulierungen und erklärte sich zum wiederholten Male zu einer Deklaration der beiden deutschen Parlamente nach den freien Wahlen in der DDR bereit, die sich auf der Linie der Bundestags-Resolution vom 8. November 1989 bewege. Am 6. März einigte sich die Bonner Regierungskoalition auf seinen Vorschlag einer Resolution, die der Bundestag zwei Tage später mit den Stimmen von CDU/CSU und FDP beschloss: Beide deutschen Parlamente sollten möglichst bald nach den Wahlen in der DDR gleichlautende Erklärungen des Inhalts abgeben, dass «mit Blick auf die deutsche Einheit die Unverletzlichkeit der Grenzen gegenüber Polen» bekräftigt und die Absicht artikuliert werde, «die Grenzfrage in einem Vertrag zwischen der gesamtdeutschen Regierung und der polnischen Regierung» zu regeln.

Argumentierte man unterdessen, wie es Kohl in dieser Frage so häufig tat, rein juristisch, dann blieb festzustellen, dass die Resolution grundsätzlich nicht über den Inhalt der Erklärung vom November hinausging. Und vor allem ließ sich argumentieren, dass es sich bei der «Unverletzlichkeit» um jene Formulierung handelte, die in den Ostverträgen eigens verwendet worden war, um den Begriff der «Unveränderlichkeit» und somit gerade die definitive völkerrechtliche Anerkennung zu umgehen. Der polnischen und der französischen Regierung jedenfalls ging die Resolution vom 8. März nicht weit genug, und nun gelangte der deutsch-polnische Grenzkonflikt international auf seinen Höhepunkt. Öffentlich äußerte der französische Präsident seine Kritik an der Bonner Politik.

Kohl, so notierte Teltschik, war «deutlich verärgert und enttäuscht. Die Grenzen der Freundschaft werden für ihn sichtbar.» Er sei, so Kohl gegenüber Mitterrand am Telefon, «sehr betroffen über die Art und Weise, mit der dieses Thema behandelt» werde, und verärgert über die «Kampagne» gegen ihn in Frankreich, wo man offenbar «auf einem anderen Stern» lebe. Das änderte freilich nichts an der Konstellation: Während Kohl nach innen dabei war, die Vertriebenen zur Anerkennung der Grenze zu bewegen und die CDU geschlossen in die Einheit zu führen, war die Bundesregierung auf internationaler Ebene isoliert, und der Kanzler selbst hatte sich durch sein Argumentieren mit formaljuristischen Kategorien festgefahren. So überzogen misstrauisch die polnischen Forderungen gegenüber Bonn sein mochten, so wenig zeigte Kohl in dieser Frage ein Gespür für die psychologische Seite der polnischen Sorgen und auch nicht für die internationale Brisanz der Gesamtsituation.

Mehr als alles andere trug dann das für Kohl und die Union unerwartet triumphale Wahlergebnis in den Volkskammerwahlen vom 18. März in der DDR dazu bei, den Konflikt zu entschärfen. Hilfreich war dabei abermals George Bush, der schließlich eine informelle Einigung zwischen Bonn und Warschau herbeiführte, zwar nicht den gesamten deutsch-polnischen Grenzvertrag, aber die Formulierungen in Bezug auf die Grenzfrage vorab vertraulich abzusprechen. Zwar lehnten die Vertriebenenfunktionäre in der Union diese Anerkennung ab. Doch kamen aus ihren Reihen letztlich nicht mehr als 15 Gegenstimmen, als der Deutsche Bundestag und die Volkskammer der DDR am 21. und 22. Juni in identischen Beschlüssen dem «Willen Ausdruck» gaben, «dass der Verlauf der Grenze zwischen dem vereinten Deutschland und der Republik Polen durch einen völkerrechtlichen Vertrag endgültig [...] bekräftigt» und der bestehenden Grenze entsprechen werde.

Damit war der deutsche Abschied von den Ostgebieten so definitiv wie möglich besiegelt – eine unumgängliche Anerkennung historisch politischer Realitäten von freilich historischer Tragweite: Jahrhundertelang deutsch besiedeltes Gebiet von einer Fläche, die größer war als die der DDR, wurde nunmehr endgültig aufgegeben, und besiegelt wurde damit nicht nur eine Folge des verlorenen deutschen Angriffskrieges, sondern ebenso der sowjetische Anteil am Hitler-Stalin-Pakt zur vierten Teilung Polens von 1939, um dessen Einbehaltung willen der sowjetische Diktator 1945 die «Westverschiebung» des Landes verfügt hatte.

3. Die Bündnisfrage

Als im Februar 1990 der Zwei-plus-Vier-Prozess in Gang gesetzt wurde, waren auch die Positionen in der Bündnisfrage bezogen. Hier nun standen die vier westlichen Regierungen gegen Moskau, während die neuen Verantwortlichen in Ost-Berlin einer gesamtdeutschen NATO-Mitgliedschaft zwar ebenfalls skeptisch gegenüberstanden, aber keine politische Durchsetzungskraft besaßen.

Unablässig lehnte der Kreml unterdessen eine NATO-Mitgliedschaft des gesamten vereinten Deutschland ab – und dann
kam der amerikanisch-sowjetische Gipfel in Washington, von
dem Kohl in Camp David gesprochen hatte. Dort geschah, öffentlich zunächst wenig bemerkt, eine diplomatische Sensation,
eine weitere jener unerwarteten Wendungen im Wiederverei-
gungsprozess und ein abermaliger Beweis der Sprunghaftigkeit
Gorbatschows. Direkt am Verhandlungstisch nämlich vollzog
er, offenbar ohne sich vorher mit seiner Delegation abgespro-
chen zu haben, am 31. Mai eine Kehrtwende.

Er stimmte George Bush zu, der es im Delegationsgespräch
mit der Formulierung versucht hatte, «alle Staaten [hätten] das
Recht, ihre Bündniszugehörigkeit frei zu wählen. Also sollte
auch Deutschland selbst entscheiden dürfen, welchem Bündnis
es sich anschließen wolle. Dies sei doch richtig?» Als Gorbatschow nickte, schreckten die sowjetischen Vertreter auf und
wurden unruhig; die ebenso ungläubigen amerikanischen Beamten wiederum drängten ihren Präsidenten, den Kremlherrn
zu einer Wiederholung seiner unerhörten Zustimmung zu bewegen – mit Erfolg: Gorbatschow sprach sich dafür aus, «dem vereinten Deutschland selbst die Entscheidung zu überlassen, zu
welchem Bündnis es gehören will».

An jenem 31. Mai wurde in Washington der Durchbruch in
der Bündnisfrage erzielt. Unumkehrbar war dies freilich noch
nicht: Gorbatschows Sprunghaftigkeit konnte sich auch wieder
in die andere Richtung bewegen, und es gehörte durchaus zur
sowjetischen Verhandlungspraxis, einen einmal erzielten Kon-
sens bzw. bereits gegebene Zugeständnisse nachträglich wieder
zurückzunehmen. Und so schnürte der Westen ein «Anreizpa-
ket» (Robert Zoellick), in das die Bundesregierung die materiellen Inhalte packte.

Dabei kamen ihr die akuten Versorgungsschwierigkeiten und
Finanzengpässe der Sowjetunion zugute. Offenbar «am Rande
des Staatsbankrotts» (Kwizinski) hatte Moskau Anfang Mai in
Bonn wegen eines Finanzkredits angefragt. Kohl ließ diese
Möglichkeit nicht ungenutzt und entsandte die Vorstandsspre-
cher der Deutschen und der Dresdner Bank zu einer vertrauli-

chen Sondermission nach Moskau. Gorbatschow erklärte ihnen, die Sowjetunion befinde sich gerade in einer schwierigen Übergangsphase zwischen Kommando- und Marktwirtschaft, die es zu verkürzen gelte, und der Vorsitzende des Ministerrates sprach davon, im Innern würden zunehmend Forderungen laut, zum alten System der Zeit vor 1985 zurückzukehren. Die Botschaft an die Bundesregierung war ebenso eindeutig wie die Antwort aus Bonn. Aus politischen Gründen und gegen die Bedenken hinsichtlich der Bonität der Sowjetunion ließ Kohl das Angebot eines von der Bundesregierung verbürgten kurzfristigen Finanzkredits in Höhe von fünf Milliarden D-Mark erarbeiten, das er Gorbatschow am 22. Mai unterbreitete – verbunden mit der Erwartung, es werde «eine konstruktive Lösung der anstehenden Fragen ermöglichen».

Den sicherheitspolitischen Teil des Anreizpaketes schnürte die US-Regierung. Alle Vorschläge wurden zu einem Neun-Punkte-Programm gebündelt, das Außenminister Baker Mitte Mai 1990 in Moskau vorlegte. Neben Schritten zur Abrüstung und einer Weiterentwicklung der KSZE enthielt es vor allem die Idee einer politischen und militärischen Veränderung der NATO. Ganz auf Gorbatschow hin formuliert, hatte Bush bereits am 4. Mai öffentlich von einer Revision der NATO-Strategie gesprochen.

Unterdessen verhärtete sich die sowjetische Diplomatie und zeigte sich im Juni in ihrer ganzen Janusköpfigkeit – insbesondere bei der Zwei-plus-Vier-Konferenz am 22. Juni im Ost-Berliner Schloss Schönhausen. Dort schlug Schewardnadse eine Vertagung der Verhandlungen über die Bündnisfrage und über die Aufhebung der Vier-Mächte-Rechte auf die Zeit nach der Herstellung der staatlichen Einheit vor. Klar war zugleich, dass dieser Auftritt auf die sowjetische Innenpolitik zielte, wo mit dem XXVIII. Parteitag der KPdSU eine existentielle Kraftprobe für Gorbatschow und die Perestroika bevorstand. Wenn er und Gorbatschow von der politischen Bühne abträten, so raunte der sowjetische Außenminister, wäre klar, wer an ihre Stelle treten und welche Art von Staat dies bedeuten würde.

So blieb den westlichen Regierungen nur, den dreizehntägi-

gen Parteitag abzuwarten, der am 1. Juli begann und durch die
«Londoner Erklärung» der NATO flankiert wurde, die den
Staaten des zerfallenden Ostblocks weit entgegenging. Sie ver-
sprach, wie Bush an Gorbatschow schrieb, eine «Transformati-
on des Bündnisses in jedem Aspekt seiner Tätigkeit und insbe-
sondere in seiner Beziehung zur Sowjetunion» – für die, so die
Botschaft, die Mitgliedschaft eines vereinten Deutschland keine
Bedrohung darstelle.

Nach dem Parteitag sah die Bilanz für Gorbatschow vorderhand nicht schlecht aus: Der vielfach erwartete Aufstand aus
der Partei war ausgeblieben; stattdessen hatte er sich durch die
Untiefen des Konvents manövriert und seine Position an der
Spitze einstweilen gefestigt. Unmittelbar nach dem Parteitag
machte er deutschlandpolitisch reinen Tisch, als er eine Delegation aus Bonn unter Leitung von Helmut Kohl empfing.

«Die Erde sei rund, und sie beide würden um sie herumflie-
gen» – so empfing Gorbatschow den deutschen Kanzler am
Morgen des 15. Juli zum ersten Gespräch im Rahmen des Re-
gierungsbesuchs, zu dem er Kohl nach Moskau und in seine
kaukasische Heimat eingeladen hatte. Nach einer persönlichen
und allgemeinen historisch-politischen Eröffnung, mit der sich
Kohl, wie so häufig, um eine Atmosphäre des persönlichen Ver-
trauens bemühte, kam das Gespräch zum Punkt der Bündnisfrage, und Gorbatschow machte es kurz: «Die Mitgliedschaft
Deutschlands in der NATO – hier ist die Frage klar. De facto
dürfen nach der Vereinigung auf dem Territorium der heutigen
DDR keine Streitkräfte der NATO stehen. Das betrifft die Über-
gangsperiode; danach ist das Problem nicht mehr akut.»

Gorbatschow setzte die gesamtdeutsche NATO-Mitgliedschaft also voraus, und insofern musste weder in Moskau noch
im Kaukasus, wie es oftmals heißt, ein «Durchbruch» in der
Bündnisfrage erzielt werden. Doch steckte der Teufel im Detail
konkreter Regelungen und Formulierungen, und hier war Gorbatschows Position auch nicht ganz klar. So blieb die deutsch-
sowjetische Übereinkunft zu besiegeln, als sich die Delegationen
am Nachmittag in den Kaukasus aufmachten. Nach langen und
gewundenen Verhandlungen in Gorbatschows Haus einigten

sich beide Seiten, dass die noch verbliebenen Vier-Mächte-Rechte mit der Vereinigung erlöschen sollten und Deutschland mit diesem Tag seine volle Souveränität erhalte. Einigung wurde auch über einen sowjetischen Truppenabzug innerhalb von drei bis vier Jahren erzielt, der von einem Überleitungsvertrag über deutsche Hilfen bei Wohnungsbau, Umschulung etc. begleitet werden sollte. Schließlich wurde die personelle Obergrenze der Bundeswehr auf 370 000 Mann festgelegt, was die zusammengezählten Streitkräfte von Bundeswehr und Nationaler Volksarmee um 45 Prozent verringerte. Zugleich artikulierte Kohl die «Vision des umfassenden Vertrags», um «eine neue Qualität der Beziehungen einzuleiten».

Diese Ergebnisse lagen nahe an der im Frühjahr bezogenen Maximalposition des Westens und übertrafen die ursprünglichen Erwartungen bei weitem. Über deutsche Kompensationen für die sowjetischen Konzessionen – konkret: über Geld – war freilich im Kaukasus nicht gesprochen worden. Gorbatschow pflegte einmal mehr seine Verhandlungspraxis, zunächst Zugeständnisse zu machen und anschließend Nachforderungen zu erheben. Dabei kam dem Kreml zugute, dass der Zwei-plus-Vier-Vertrag, um zum Tag der deutschen Einheit wirksam werden zu können, am 12. September unterzeichnet werden sollte.

Die sowjetischen Erwartungen kristallisierten sich vor allem am Überleitungsvertrag aus, namentlich an deutschen Hilfen beim Wohnungsbau und bei den Ab- und Umzugskosten. Wenn es nicht zu Lösungen komme, so ließ der stellvertretende Außenminister die sowjetischen Folterwerkzeuge aufblitzen, schlössen die Militärs einen Abzug binnen drei bis vier Jahren aus. Die sowjetischen Forderungen übertrafen die deutschen Vorstellungen bei weitem. Gegenüber der ursprünglichen internen Kalkulation von 4 Milliarden D-Mark und einem deutschen Angebot von 6 Milliarden beliefen sie sich Anfang September auf 18,5 Milliarden D-Mark. Wenige Tage vor dem geplanten Abschluss der Zwei-plus-Vier-Verhandlungen, ging es in der Tat um das, was man vorher so nicht hatte aussprechen wollen: den Preis für die Einheit. Nach harten telefonischen Verhandlungen ging Kohl schließlich über die intern gezogene äußerste Verhandlungslinie hinaus und bot 12 Milliarden, aufgeteilt auf vier Jahre, sowie einen zinslosen Kredit mit fünfjähriger Laufzeit in Höhe von 3 Milliarden D-Mark. Dies führte zur Einigung.

Hatte Gorbatschow die DDR und die deutsche Einheit an die Bundesrepublik verkauft? Das gesamte Volumen der deutschen ökonomischen Leistungen an die Sowjetunion im Zusammenhang der Wiedervereinigung lässt sich schwer beziffern. Es gab ja keinen formellen, festgesetzten «Preis» für die Einheit – vielmehr flossen Zahlungen in unterschiedlichen Zusammenhängen, die sich mehr oder auch weniger unmittelbar der Herstellung der deutschen Einheit zurechnen lassen. Die Garantien für Zahlungsbilanzkredite, Hilfen für den Aufenthalt, den Abzug und die Reintegration der sowjetischen Weststreitkräfte, Finanzierungskosten einschließlich der Zinskosten für den Transferrubelsaldo, der Finanzierungsaufwand für Beteiligungen der DDR an sowjetischen Investitionsprojekten, humanitäre und technische Hilfe sowie schließlich Exportkreditgarantien gemäß dem Partnerschaftsvertrag beliefen sich nach Berechnungen des Bundesministeriums der Finanzen auf 83,55 Milliarden D-Mark, ohne die letztgenannten Mittel für die Exportförderung auf ca. 55 Milliarden.

Vergleicht man diesen Betrag mit anderweitig verwendeten Volumina – von den innerdeutschen Transfersalden für die deutsche Einheit ganz zu schweigen –, wird man bei diesen zwar hohen Summen doch nicht von einem «Kaufpreis» für die deutsche Einheit sprechen können; ein solcher hätte, wenn es der sowjetischen Seite allein um die materielle Bezahlung ihrer deutschlandpolitischen Konzessionen gegangen wäre, wohl deutlich höher liegen können. Die ökonomische Dimension war für das sowjetisch-deutsche Verhältnis und für die sowjetische Haltung im Wiedervereinigungsprozess ein wichtiger, aber nicht allein dominierender Faktor innerhalb eines in sich letztlich nie kohärenten Gesamtkalküls.

4. Deutsche Einheit und europäische Einigung

Schon vor der deutschen Revolution war die europäische Integration in ein neues Stadium getreten. Im Juni 1989 hatten sich die Staats- und Regierungschefs in Madrid auf einen dreistufigen Ausbau der Europäischen Gemeinschaft zu einer Wirtschafts- und Währungsunion geeinigt. Zudem hatten sie die Umsetzung der ersten Stufe, den Abbau aller Beschränkungen im Kapital- und Devisenverkehr, zum 1. Juli 1990 beschlossen. Ob die europäische Wirtschafts- und Währungsunion wirklich eingeführt würde, war damit jedoch noch nicht unumkehrbar festgelegt. Entscheidender nämlich als die erste Stufe waren die zweite und die dritte: die Angleichung der Finanz- und Währungspolitiken der Mitgliedsstaaten in einem System fester Wechselkurse sowie die Einführung der einheitlichen Währung. Und darüber waren in Madrid noch keine definitiven Beschlüsse gefasst worden; der weitere Fortgang auf dem Weg zur Wirtschafts- und Währungsunion setzte die Einberufung einer Regierungskonferenz voraus, und dieser Schritt war nach dem Madrider Gipfel erst noch zu tun.

Er stand im zweiten Halbjahr 1989, während der französischen EG-Ratspräsidentschaft, ganz oben auf der Agenda der Pariser Europapolitik, und das hieß zugleich: der Deutschlandpolitik. Mitterrand gehe es, so hieß es im Bonner Kanzleramt, «in erster Linie und vor allem um die Wirtschafts- und Währungsunion – sie ist für die verbleibenden Jahre seiner Amtszeit das Ziel schlechthin.» Demgegenüber zielten die Interessen der Bonner Regierungszentrale in währungspolitischer Hinsicht vor allem auf die Sicherung der Geldwertstabilität sowie auf institutionelle Reformen der Europäischen Gemeinschaft mit dem Ziel einer politischen Union Europas.

Zwischen Bonn und Paris bestand somit ein grundsätzlicher Interessenkonflikt über die Richtung und den Fortgang der europäischen Integration. Auch ohne die Frage einer deutschen Wiedervereinigung waren die deutsch-französischen Regierungsbeziehungen im Herbst 1989 angespannt. Die französische Regierung fürchtete, Bonn könne sich der Wirtschafts- und

Währungsunion wieder entziehen, und in der Tat blieben Kohls Vorstellungen deutlich hinter Mitterrands ambitioniertem Zeitplan zurück. Stattdessen versuchte Bonn, ein Junktim zwischen wirtschaftlicher und politischer Union herzustellen und deutsche Konzessionen in der Frage der wirtschaftlichen Union an französische Zugeständnisse hinsichtlich der politischen Union zu koppeln.

Der Fall der Mauer und die Frage einer Wiedervereinigung veränderten die Verhandlungsbasis. Die Bundesregierung benötigte ihre Konzessionsmasse in der Währungsfrage nun vor allem für die Zustimmung der europäischen Partner zu einer schnellen Wiedervereinigung. Vor dem Straßburger EG-Gipfel am 8. und 9. Dezember hatte der Bundeskanzler signalisiert, dass er – entgegen seinen ursprünglichen Vorgaben – mit einer Einberufung der Regierungskonferenz für die Wirtschafts- und Währungsunion im Dezember 1990 einverstanden sei. Indem die Bundesregierung den französischen Prioritäten entgegenkam, setzte sie ein Signal für ihre Beteiligung am Fortgang des europäischen Einigungsprozesses, und in Latche zu Beginn des Jahres 1990 gab Kohl der französischen Seite neuerliche Rückversicherungen. Doch war das Verhältnis zwischen Wirtschafts- und Währungsunion einerseits und politischer Union andererseits noch immer ungeklärt. Das deutsch-französische Tandem geriet mit dem deutschen Wiedervereinigungsprozess zunächst außer Tritt.

Deutsche Sorgen trieben dabei nicht nur die französische Politik um. Vielmehr kursierte auch in den kleineren Mitgliedsstaaten trotz aller Beteuerungen Kohls die Befürchtung, Bonn werde sein europapolitisches Interesse verlieren. Zugleich stieß Jacques Delors, der Präsident der EG-Kommission, in der Sorge vor einer nationalstaatlichen Rückwendung der Staaten Europas nach dem Ende des Ost-West-Konflikts sowie einer überstürzten Ausweitung der EG nach Osten, im Januar 1990 erneut die Frage einer politischen Union Europas an. Mitterrand griff diese Initiative auf, über die schließlich, nach vielfältigem Hin und Her, ein Kompromiss zwischen Elysée-Palast und Kanzleramt gefunden wurde: In einem gemeinsamen Schreiben an den EG-Ratsvorsitzenden schlugen Kohl und Mitterrand unter dem Datum des 18. April vor, «den politischen Aufbau des Europas der Zwölf zu beschleunigen», parallel zur geplanten Regierungskonferenz für die Wirtschafts- und Währungsunion die «vorbereitenden Arbeiten für eine Regierungskonferenz über die Politische Union einzuleiten» und die Vorhaben zur politischen sowie zur Wirtschafts- und Währungsunion bis Ende 1992 zu ratifizieren. Allerdings blieben die Ziele einer verstärkten demokratischen Legitimation der Union, der effizienteren Ausgestaltung ihrer Institutionen, der Einheit und Kohärenz ihrer Aktionen sowie einer gemeinsamen Außen- und Sicherheitspolitik zunächst recht allgemein und wenig verbindlich. Faktisch wurden die wirtschaftliche und die politische Union entkoppelt.

Am Ende stand im Februar 1992 der Vertrag von Maastricht, mit dem die Europäische Gemeinschaft in die Europäische Union überging. Der Vertrag ruhte auf «drei Säulen»: Die erste Säule der Wirtschafts- und Währungspolitik stärkte die gemeinschaftlichen Elemente; dabei konnte die Bundesregierung mit harten Stabilitätskriterien und einer unabhängigen Europäischen Zentralbank als Gegenleistung dafür, dass Deutschland die D-Mark aufgab, ihre stabilitätsorientierten geldpolitischen Anforderungen an die Gemeinschaftswährung durchsetzen. Im Hinblick auf die politische Union hingegen konnte sich Bonn nicht durchsetzen; die zweite Säule (Gemeinsame Außen- und Sicherheitspolitik) und die dritte (Justiz und Inneres) beruhten auf Regierungszusammenarbeit statt auf gemeinschaftlichem Fundament.

Alles in allem hatte die Bundesregierung der europäischen Wirtschafts- und Währungsunion zugestimmt, ohne vergleichbare Konzessionen für das eigene Ziel der politischen Union zu gewinnen, deren Gestalt freilich – mit Ausnahme gestärkter Rechte für Parlament und Kommission – nie klar umrissen worden war und dementsprechend wenig absehbar blieb. Insofern stellte die konkrete Zustimmung zum entscheidenden Schritt hin zur europäischen Währungsunion eine deutsche Konzession an Frankreich während des Wiedervereinigungsprozesses dar. Das aber bedeutet nicht, dass Kohl für die französische Zustimmung zur deutschen Einheit die D-Mark aufgegeben hätte. Denn dies geschah im Rahmen eines bereits vor der Wiedervereinigung in Gang gesetzten und grundsätzlich auch von der Bundesregierung angestrebten Prozesses. Innerhalb dieses Prozesses konnte sie ihre Vorstellungen allerdings auch deshalb nicht wie gewünscht durchsetzen, weil sie ihre Konzessionsmasse für die Wiedervereinigung benötigte.

5. Das Ende der Nachkriegszeit

Am 12. September 1990 wurde in Moskau – in der schmucklosen Atmosphäre eines Hotels – der «Vertrag über die abschließende Regelung in bezug auf Deutschland» unterzeichnet. Formell war er kein Friedensvertrag mit Deutschland, aber er übernahm die Funktion dieses 1945 in Potsdam angekündigten und nie realisierten Dokuments in Europa.

Der Zwei-plus-Vier-Vertrag beschloss somit völkerrechtlich die Nachkriegszeit und regelte die offengebliebenen deutschen Fragen. Endgültig bestätigte er die Grenzen Deutschlands als die Außengrenzen von Bundesrepublik und DDR, er schrieb den deutschen Verzicht auf ABC-Waffen fest und fixierte die Obergrenze der deutschen Streitkräfte bei 370 000 Mann. Der verbindliche Abzug der sowjetischen Streitkräfte wurde auf Ende 1994 terminiert; bis dahin durften auf dem Gebiet der DDR nur in Bündnisstrukturen nicht integrierte deutsche Verbände stationiert werden, danach auch deutsche NATO-Truppen, nicht aber ausländische Truppen und Kernwaffen. Deutschland wurde das Recht der freien Bündniswahl und somit faktisch die NATO-Zugehörigkeit samt militärischer Verankerung im Westen zugesichert. Endgültig erloschen mit der Ratifikation die Vier-Mächte-Rechte über Deutschland, das seine volle Souveränität erhielt. Da die Vereinigung schon zuvor erfolgte – formell trat der Vertrag erst nach der sowjetischen Ratifikation am 15. März 1991 in Kraft –, setzten die Siegermächte ihre dementsprechenden Rechte zum 3. Oktober 1990 aus. Von seinem ersten Tag an war das vereinte Deutschland somit vollständig souverän.

Mit alledem hatte die Bundesrepublik mehr erreicht, als Helmut Kohl selbst in seinem Zehn-Punkte-Programm zu hoffen gewagt hatte: eine Vereinigung Deutschlands zu westlichen Maximalkonditionen, einschließlich der gesamtdeutschen Mitgliedschaft in der NATO. In ebenso großem Maße war dies ein Triumph der amerikanischen Politik, die ihre «Vier Prinzipien» für eine Vereinigung Deutschlands vom November 1989 ohne Einschränkungen durchgesetzt hatte und als einzige Weltmacht aus dem säkularen Ost-West-Konflikt hervorging. Selbst die zögerlichen Regierungen der europäischen Westmächte hatten, abgesehen von den ungeklärten allgemeinen Aussichten auf ein stärkeres, möglicherweise dominantes Deutschland in Europa, nach Maßgabe des Möglichen und gemessen an ihren Prinzipien Grund zur Zufriedenheit: die britische Regierung in sicherheitspolitischer Hinsicht, weil die NATO durch die Wiedervereinigung gestärkt wurde, die französische Regierung im Hinblick auf die substantiellen Fortschritte der europäischen Integration in der von ihr gewünschten Richtung.

Der große Verlierer des gesamten Prozesses war – gemessen an Gorbatschows Reformzielen ebenso wie an ihren Interessen als Großmacht – die Sowjetunion. Ihre Situation war freilich heillos. Das Ende des Imperiums war die logische Konsequenz der Reformpolitik Gorbatschows zur Rettung der maroden sowjetischen Wirtschaft, für die sich Moskau der äußeren Überlast entledigen musste. Schließlich zerfiel mit Gorbatschows Reformpolitik beides: das Imperium und die Sowjetunion selbst. Die sowjetische Führung war nicht in der Lage, den außer Kontrolle geratenen Prozess in ihrem Machtbereich noch zu ihren Gunsten zu gestalten.

Immerhin erhielt sie materielle Leistungen von der Bundesrepublik, ohne freilich einen wirklich hohen Preis zu erzielen. Und sie gewann eine neue Qualität im sowjetisch-deutschen Verhältnis. Über den konkreten Prozess der Wiedervereinigung hinaus leitete die Regierung Kohl/Genscher einen Paradigmenwechsel im deutsch-sowjetischen bzw. deutsch-russischen Verhältnis ein: eine mittelfristige Tradition prorussischer Politik des vereinigten Deutschland unter Hintanstellung schwerwiegender Ge-

gengründe. Hinzu kam, dass der Westen sich bereit zeigte, die primär gegen die Sowjetunion gerichtete Militärstrategie der NATO zu revidieren. Auch wenn daraus keine neue verlässliche Sicherheitsarchitektur, keine dauerhafte russisch-westliche Partnerschaft hervorging, Moskau sich vielmehr, verlassen von den ehemaligen Vasallen, die in die NATO drängten, vorderhand weltpolitisch isoliert wiederfand – dem Westen gelang es doch, die säkulare Niederlage der Sowjetunion mit Respekt abzufedern und Moskau nicht noch weiter zu demütigen. Nach Maßgabe der Dinge war dies ebenso wenig selbstverständlich wie überhaupt der Umstand, dass die deutsche Frage letztlich und grundsätzlich im friedlichen Einvernehmen mit allen Beteiligten und europäischen Nachbarn und auf eine für alle Seiten akzeptable Weise gelöst wurde. Weder 1815 noch 1871 noch 1919 noch 1945/49 war dies der Fall gewesen.

V. Einheit durch Beitritt

1. Der Weg zur Einheit

Am 12. April 1990 hatte die DDR ihre erste und zugleich letzte frei gewählte Regierung, der 25 Minister aus fünf Parteien angehörten. Die Wahlen hatten der Allianz für Deutschland und den Liberalen eine absolute Mehrheit für das Pendant zur Bonner Regierungskoalition beschert. Da angesichts der bevorstehenden großen Entscheidungen im Vereinigungsprozess allerdings Zwei-Drittel-Mehrheiten notwendig würden, lag von vornherein eine Koalition auch mit der SPD nahe.

Der neuen *classe politique* im Übergang gehörten viele Theologen und nur wenige Juristen an. Die neuen Regierungsmitglieder verfügten höchstens aus ihren kirchlichen Tätigkeiten über administrative und politisch-operative Erfahrungen und sahen sich nun unvermittelt mit einer Agenda grundlegender Themen mit weitreichender Bedeutung konfrontiert: von der Arbeitslosenversicherung und den Renten über die Neuordnung des Apothekenwesens und der Handwerksordnung oder die Organisation von Hörfunk und Fernsehen bis hin zur Kommunal- und Staatsverfassung. Hinzu kam die fortschreitende ökonomische und administrative Krise des Landes, die eine explosionsartig ansteigende Zahl von akut regelungsbedürftigen Problemen auf die Tagesordnung des Ministerrats beförderte. All dies erschwerte eine wirklich strategisch angelegte Politik ebenso wie der Umstand, dass der Auftrag der Regierung darin lag, sich selbst abzuschaffen.

Die neue Ost-Berliner Regierung hatte sich vorgenommen, die deutsche Einheit als Sachwalter der Ostdeutschen zu gestalten und deren soziale Interessen möglichst umfangreich zu sichern. Dazu entwickelte sie Vorstellungen, die mit den Erwartungen und Positionen der Bundesregierung keineswegs vollständig übereinstimmten. Die Ost-Berliner Regierung verfolgte das Ziel einer «ökologisch verpflichteten sozialen Marktwirtschaft» mit dem «Ideal der sozialen Gerechtigkeit», das stark staatsinterventionistische Komponenten enthielt. Dezidiert sprach Lothar de Maizière, der erste und letzte frei gewählte Regierungschef der DDR, vom «Grundwert der Gleichheit», ohne im selben Maße von der Freiheit zu reden. Überhaupt rangierten Etatismus und sozialpolitische Umverteilung höher als marktwirtschaftliche Ordnungspolitik und bürgerliche Freiheit.

Demgegenüber konzipierte Bonn die Einheit ganz nach westdeutschen Maßstäben: in den Denkmustern der «Erfolgsgeschichte» der alten Bundesrepublik und der Systemkonkurrenz des Ost-West-Konflikts. Die DDR erschien in dieser Sichtweise ausschließlich als Unterdrückungssystem und Misswirtschaft, und folglich fand keine gleichberechtigte Vereinigung von zwei Partnern statt, sondern – in Übereinstimmung mit dem Selbstbestimmungsrecht der Ostdeutschen – eine Wiedervereinigung durch den Beitritt der gescheiterten DDR zur erfolgreichen Bundesrepublik, deren Ordnung in der Folge auf das Beitrittsgebiet übertragen wurde. Entsprechend setzte die Bundesregierung nicht nur aus pragmatischen Erwägungen, sondern aus grundsätzlicher Überzeugung auf eine Wiedervereinigung über den Beitrittsartikel 23 des Grundgesetzes und nicht auf dem Wege über eine neue gesamtdeutsche Verfassung nach Art. 146. Mit den Worten von Innenminister Schäuble: «Es gibt das Grundgesetz, und es gibt die Bundesrepublik Deutschland. Lasst uns von der Voraussetzung ausgehen, dass ihr vierzig Jahre lang von beiden ausgeschlossen wart. Jetzt habt ihr einen Anspruch auf Teilnahme, und wir nehmen darauf Rücksicht.»

Die bundesdeutsche Ordnung wurde mit Hilfe zweier Staatsverträge auf das Gebiet der DDR übertragen, und zugleich übernahm die Bundesrepublik die Gesamthaftung für die DDR und das SED-Regime. Der erste Staatsvertrag ging auf das Angebot der Bundesregierung vom 7. Februar zurück, eine Währungsunion mit Wirtschaftsreformen herzustellen. Nach den Volkskammerwahlen begannen die Verhandlungen, in denen Bonn die Initiative ergriff, auf die Ost-Berlin nur reagieren konnte. Am 18. Mai 1990 wurde in Bonn der erste Staatsvertrag unterzeichnet, der die institutionellen und organisatorischen Grundlagen für die Einführung der sozialen Marktwirtschaft in der DDR schuf. Dabei war die ursprünglich vorgesehene Währungs- und Wirtschaftsunion um eine Sozialunion erweitert worden, die den tiefgreifenden Transformationsprozess sozialpolitisch abfedern sollte.

Am 21. Juni stimmten der Bundestag und die Volkskammer der Ratifizierung des ersten Staatsvertrags zu. Das Ost-Berliner Parlament hatte zuvor ein Verfassungsgrundsätzegesetz verabschiedet, mit dem es die bestehende Verfassung der DDR in ihrem materiellen Bestand praktisch abschaffte und zugleich die Übertragung der wirtschafts- und währungspolitischen Hoheitsrechte auf die Bundesbank und den Bundesgesetzgeber ermöglichte. Als der erste Staatsvertrag zum 1. Juli in Kraft trat, gehörten die Grenz- und Zollkontrollen innerhalb Deutschlands der Vergangenheit an, und innerhalb des gemeinsamen Währungsgebietes waren die Grundlagen für die einheitliche Verwirklichung der Wirtschaftsordnung, des Arbeitsrechts und der sozialen Sicherung gelegt. Im Kern war dies bereits ein Verfassungsvertrag, dem ein zweiter Staatsvertrag als Verfassungsvertrag im engeren Sinne folgte.

Die Entscheidung für diesen zweiten Vertrag fiel insbesondere auf Drängen der ostdeutschen Seite, die auf diese Weise als eigenständiger Verhandlungspartner auftreten wollte. Aus bundesdeutscher Warte hatte ein Vertrag den Vorteil, dass er gebündelte, konzise Lösungen statt langwieriger Übergangsregelungen ermöglichte, wobei es der Bonner Verhandlungsposition zugutekam, dass sie auf den Vertrag nicht angewiesen war. Da de Maizière zudem seit Ende Juli auf einen schnellen Abschluss drängte, weil er befürchtete, die DDR könne noch vor dem Beitritt vollends zusammenbrechen, wurde deren Gewicht als Verhandlungspartner zusehends schwächer, während die Sachzwänge der Probleme zunehmend schwerer wogen.

Als der Einigungsvertrag – über 1000 maschinenschriftliche Seiten, mit denen die politischen und rechtlichen Grundlagen für den Beitritt der DDR zur Bundesrepublik gemäß Art. 23 des Grundgesetzes geregelt wurden – am 31. August unterzeichnet

wurde, hatte die Volkskammer bereits, in der Nacht vom 22.
auf den 23. August, den Beschluss gefasst, der Bundesrepublik
zum 3. Oktober 1990 beizutreten. Nach Art. 1 des Einigungs-
vertrages wurde die DDR um Mitternacht jenes Tages in einer
«juristischen Sekunde» von ihren neu gebildeten Ländern abge-
löst, die dem Geltungsbereich des Grundgesetzes beitraten.

Schon Ende 1989 war die Forderung aufgekommen, die Länder wieder einzuführen, die von der DDR 1952 aufgelöst worden waren. Das Ländereinführungsgesetz, das die Volkskammer am 22. Juli 1990 verabschiedete, sah pragmatisch die Bildung von fünf Ländern von allesamt vergleichsweise geringer
Größe bzw. Einwohnerzahl vor. Sie gingen aus zusammengeleg-
ten Bezirken hervor, die auch die Infrastruktur prägten, und
folgten weitgehend den alten Ländergrenzen. Das nördlichste
neue Bundesland Mecklenburg-Vorpommern setzte sich im
Prinzip aus den Bezirken Rostock, Schwerin und Neubranden-
burg zusammen; das Bundesland Brandenburg aus den Bezirken Potsdam, Frankfurt (Oder) und Cottbus; die Bezirke Magdeburg und Halle gingen in Sachsen-Anhalt auf; aus den Bezirken Erfurt, Gera und Suhl wurde der Freistaat Thüringen und
aus Leipzig, Dresden und Karl-Marx-Stadt (seit 1990 wieder
Chemnitz) der Freistaat Sachsen gebildet.

Mit den Landtagswahlen vom 14. Oktober 1990 bekamen
die Länder Parlamente, die zugleich als verfassunggebende Lan-
desversammlungen fungierten. Zwischen 1992 und 1994 verabschiedeten sie Länderverfassungen – außer in Sachsen und
Sachsen-Anhalt mit nachfolgender Volksabstimmung –, die sich
eng an die der Westländer anlehnten. Schon im Frühjahr waren
Partnerschaften der Westländer mit den entstehenden neuen
Ländern festgelegt und verteilt worden. Einerseits hatten die
westdeutschen Länder, wie Bund und Kommunen, durch Amts-,
Verwaltungs- und Aufbauhilfe verschiedener Art, nicht zuletzt
durch die Entsendung von Beamten, sowie durch Aus- und
Fortbildungshilfen großen Anteil am Aufbau der Regierungs-
und Verwaltungsstrukturen sowie der Rechtsprechung in den
neuen Ländern; andererseits baute sich ein Verhältnis der Riva-
lität auf, nicht zuletzt im Hinblick auf den Bund.

Als die Wiedervereinigung am 3. Oktober 1990 vor dem Berliner Reichstag symbolisch vollzogen wurde, indem die schwarz-rot-goldene Bundesflagge des vereinten Deutschland unter Feuerwerksfontänen gehisst, die nun gesamtdeutsche Nationalhymne gesungen und im Schöneberger Rathaus die Freiheitsglocke geläutet wurde, wuchs die Bundesrepublik um 16,4 auf insgesamt 78,7 Millionen Einwohner, ihr Territorium um gut 108 000 auf nunmehr 357 000 Quadratkilometer. Zugleich war die deutsche Frage, die das 19. und 20. Jahrhundert immer wieder in Atem gehalten hatte, staatsrechtlich definitiv beantwortet.

Mit dem Vollzug der staatlich-politischen Einheit waren die ökonomischen, gesellschaftlichen und kulturellen Probleme freilich noch keineswegs gelöst. Vielmehr stellte sich die Herstellung der «inneren Einheit» als viel langwieriger und mühsamer dar, als in der Euphorie der deutschen Revolution erwartet – in Ost und West.

2. Währungsunion und Deindustrialisierungsschock

Mit dem Angebot der «Währungsunion mit Wirtschaftsreformen» vom 7. Februar 1990 hatte sich die Bundesregierung, statt auf ein Stufenmodell, auf einen schlagartigen Übergang zu D-Mark und Marktwirtschaft in der DDR festgelegt. Die Übertragung der D-Mark bei gleichzeitiger Aufgabe der Ost-Mark war voller Unwägbarkeiten und Risiken. Dies galt insbesondere im Hinblick auf den Umtauschkurs, der sich bald als zentrale Streitfrage herausstellte. Während die Wechselkursparität von DDR-Mark zu D-Mark im innerdeutschen Handel bei 4,4:1 lag und die D-Mark auf dem freien Markt zu einem Kurs von 1:8 bis 1:9 gehandelt wurde, zielten die Erwartungen in der DDR auf eine Relation von 1:1.

Eine Umstellung im Verhältnis 1:1 und zusätzliche Lohnerhöhungen als Ausgleich für die steigenden Konsumgüterpreise und Sozialbeiträge sowie für die wegfallenden Subventionen drohten ein Lohnniveau zu etablieren, das für die Konkurrenzfähigkeit der Unternehmen tödlich war. Andererseits drohte ein zu geringes Lohnniveau gewaltige soziale Differenzen im vereinten Deutschland festzuschreiben, massive Unzufriedenheit zu schüren und weitere Abwanderung aus der DDR zu forcieren.

Seit Ende Februar verstärkten sich im Bundesfinanzministerium und bei der Bundesbank die Zweifel an der ökonomischen Vertretbarkeit eines Umstellungskurses von 1:1. Zwar lag das Lohnniveau in der DDR deutlich unter demjenigen im Westen, die Arbeitsproduktivität aber war noch geringer und vor allem noch niedriger als erwartet: Realiter lag sie unter 30, wenn nicht gar bei 20 Prozent. Als der Zentralbankrat am 29. März beschloss, die laufenden Zahlungen, die Bankguthaben über 2000 Mark und die Verbindlichkeiten «im Verhältnis 2 Mark der DDR : 1 DM umzustellen» (Guthaben bis 2000 Mark sollten im Verhältnis 1:1 umgetauscht, zudem sollten Sparer an Treuhand- und Privatisierungserlösen der DDR beteiligt werden), brach ein Sturm der Entrüstung los. Alle Parteien in der DDR hatten sich während des Volkskammerwahlkampfes für einen Kurs von 1:1 eingesetzt, und Kohl hatte den Kleinsparern eine 1:1-Umstellung ihrer Sparkonten versprochen. Für die ostdeutsche Seite und ihre Regierung stellte der Umstellungskurs von 1:1 einen *Casus belli* dar. Zugleich schwand die Unterstützung in der westdeutschen Politik für die ökonomisch begründete 2:1-Position. In der Tat waren eine Halbierung der ohnehin niedrigen Ostmark-Beträge und eine dementsprechende Differenz der Lohn- und Gehaltsniveaus innerhalb Deutschlands – die Ostlöhne hätten großenteils weniger als 20 Prozent der Westlöhne betragen – in der sozialen Realität kaum vorstellbar.

Der schließlich gefundene Kompromiss sah eine Umstellung der Löhne und Gehälter im Verhältnis 1:1 vor. Bargeld und Sparguthaben sollten bis zu einer nach Lebensalter abgestuften Höhe zwischen 2000 und 6000 Mark zum Kurs von 1:1 umgestellt werden, darüber hinausgehende Beträge 2:1, ebenso die Verbindlichkeiten. Mit einem durchschnittlichen Gesamtumstellungskurs von 1,8:1 wurde die Mark der DDR um das Zweibis Dreifache ihres marktüblichen Tauschwerts aufgewertet. Das Dilemma war dramatisch – diese Umstellung gab der DDR-

Wirtschaft den endgültigen Todesstoß; gesellschaftlich-politisch aber war sie nicht zu vermeiden.

Die schlagartige «Ausdehnung des westdeutschen Währungsgebietes auf die DDR» zum 1. Juli 1990 war ein logistischer Kraftakt. Vor allem bedeutete er, in Verbindung mit dem abrupten Übergang zu einer Marktwirtschaft, eine Schocktherapie für die DDR, die um so radikaler ausfiel, als ihre ökonomischen Potentiale sich als weit weniger leistungsfähig herausstellten denn erwartet.

Erste Ansätze für eine Privatisierung der ostdeutschen Wirtschaft, geleitet allerdings von dem Willen, so viele planwirtschaftliche Elemente wie möglich zu erhalten, hatte die Regierung Modrow bereits im Winter 1989/90 eingeleitet. Wieder aufgerollt wurde diese Frage von der neuen DDR-Regierung im Zusammenhang mit der Wirtschaftsunion. Im Kern ging es darum, die Entscheidung über das Angebot und die Festsetzung der Preise von staatlichen Planstellen auf die Anbieter am Markt zu übertragen. Dazu drängte Bonn auf eine schnelle Überführung der Unternehmen von Staats- in Privateigentum, und am 17. Juni verabschiedete die Volkskammer das Gesetz zur Errichtung der Treuhand. Als Anstalt des öffentlichen Rechts wurde ihr die Aufgabe der Privatisierung, gegebenenfalls auch der vorherigen Sanierung oder aber der Stilllegung von fast 8000 Betrieben übertragen, wobei die Devise der Treuhand lautete: schnell privatisieren – entschlossen sanieren – behutsam stilllegen.

Als das Treuhand-Gesetz zum 1. Juli in Kraft trat, wurde die Anstalt zur Eigentümerin von 7894 Volkseigenen Betrieben mit vier Millionen Beschäftigten und einer Grundfläche, die mehr als die Hälfte der DDR umfasste. Das konfrontierte sie mit einer Aufgabe gewaltigen Ausmaßes. Für die Transformation einer Planwirtschaft in das völlig inkompatible System einer Marktwirtschaft gab es kein historisches Vorbild und keinerlei Erfahrungswerte, kein verlässliches Wissen über die ostdeutsche Wirtschaft im Westen und kaum konzeptionelle Vorlaufzeit. Rasch entfernten sich die tatsächlichen Erfahrungen von den ursprünglichen Erwartungen. Noch im Frühjahr 1990 hatte die

Staatsbank der DDR die Vermögenswerte des Landes auf 580 Milliarden Mark zuzüglich Grund und Boden, Post und anderer produzierender Bereiche beziffert. Daher wurde noch im Oktober 1990 erwartet, dass die Treuhand Privatisierungserlöse von 600 Milliarden D-Mark erzielen werde, aus denen sich die Kosten für die Anpassungshilfen und Schulden refinanzieren lassen würden, die der Bund für die Sanierung der DDR aufnehmen müsse.

Die Einschätzungen mussten jedoch permanent nach unten korrigiert werden. Als zum 1. Juli 1990 die Preise für Güter und Dienstleistungen in der DDR freigegeben wurden, fanden die Konsumenten in den Geschäften volle Regale vor – mit der Wirtschafts- und Währungsunion war die Mangelwirtschaft in der DDR vorüber. Die Versorgung kam jedoch in hohem Maße aus dem Westen; Westprodukte wurden gekauft, DDR-Produkte hingegen vom Markt verdrängt, weil die Käufer sie nicht mehr akzeptierten. Ostdeutsche Betriebe waren in vielen Bereichen und vor allem gegenüber den westdeutschen Unternehmen nicht konkurrenzfähig. Zudem brach der hochregulierte, marktferne Osthandel mit den Comecon-Staaten zusammen.

Mit der Wirtschafts- und Währungsunion brach die industrielle Produktion der DDR ein, und sie stürzte umso tiefer, als der Zustand der DDR-Wirtschaft weit maroder war als erwartet. Besonders betroffen waren Bergbau, Industrie und warenproduzierendes Gewerbe sowie die Landwirtschaft. Gleich mehrere Entwicklungen und Problemlagen kamen hier zusammen. Erstens kollabierten die völlig unproduktiven und dysfunktionalen Strukturen einer vom Weltmarkt abgeschotteten gelenkten Wirtschaft ohne freie Preisbildung, einschließlich ihrer immensen personellen Überkapazitäten. Verstärkt wurde dieser Prozess, zweitens, durch die überkommene Beschäftigungsstruktur der DDR: Ihr Schwergewicht lag nämlich in ebenjenen Bereichen, die in den westlichen Industriegesellschaften durch den gesamtwirtschaftlichen Strukturwandel hin zu einem erhöhten Anteil von Dienstleistungen seit Jahrzehnten in hohem Maße Arbeitsplätze abgebaut hatten. Das Beitrittsgebiet musste also mit einem Schlag den in der DDR verschleppten volkswirtschaftlichen Strukturwandel der gesamten Nachkriegszeit nachholen – und dies, drittens, in unmittelbarer Konkurrenz mit den haushoch überlegenen westdeutschen Unternehmen, die mit einem hochdifferenzierten Angebot über Jahrzehnte hin die Märkte besetzt hatten. Demgegenüber schlug in den neuen Ländern ein weiteres, entscheidendes Erbe der DDR-Wirtschaft und ihrer langfristigen Abschottung vom Weltmarkt voll durch: das Fehlen von weltmarktfähigen Produkten samt dem zugehörigen Marktwissen, mithin von indigenen Innovationspotentialen. Diese Ausgangslage war, so wird jedenfalls aus der Rückschau deutlich, «geradezu verzweifelt» (Karl-Heinz Paqué).

So verlief der Zusammenbruch der ostdeutschen Wirtschaft noch viel «dramatischer [...], als es selbst Pessimisten erwartet hatten» (Hans-Werner Sinn). Bald war nicht mehr zu übersehen, dass Regierung und Verantwortliche bei der Wirtschafts-, Währungs- und Sozialunion von viel zu optimistischen Grundannahmen ausgegangen waren, dass dem Schock nicht alsbald die Therapie folgte und dass sich auf den befreiten Märkten Ostdeutschlands kein selbsttragender Aufschwung entfaltete. Vielmehr entpuppten sich vermeintliche Übergangsphänomene als Dauerprobleme, die staatliche Intervention in einem ganz und gar unerwarteten Ausmaß erforderlich machten, ohne selbst damit das gewünschte Ergebnis zu erzielen. Angesichts der bevorstehenden Bundestagswahlen und einer sich im Westen zunehmend verschlechternden Stimmung gegenüber der Einheit vermied es die Regierung jedoch bis zum Dezember, die zwar noch nicht vollständig absehbaren, aber unweigerlich auf das Land und seine Bürger zukommenden Belastungen offen darzulegen. Damit verpasste sie den Zeitpunkt, die Einheit in der Bevölkerung offensiv als nationale Gemeinschaftsverpflichtung zu verankern und an Solidarität und Verzichtbereitschaft zu appellieren. Zugleich begann sie jedoch politisch umzusteuern und eine aktive Arbeitsmarktpolitik zu betreiben, statt weiterhin allein auf die Kräfte des freien Marktes zu vertrauen.

Der Deindustrialisierungsschock schlug naturgemäß ins Zentrum der Arbeit der Treuhandanstalt unter dem Primat der Pri-

vatisierung durch. Ihr Aktionsfeld wandelte sich bald von einem Verkäufer- zu einem Käufermarkt, auf dem der Verkauf
von Unternehmen oft nur noch zu einem sehr niedrigen Preis
und obendrein unter der Verpflichtung möglich war, dass die
Treuhand Altschulden und ökologische Altlasten übernahm;
hohe Forderungen hinsichtlich Investitionen oder Arbeitsplät-
zen konnte sie unter diesen Bedingungen hingegen nicht stellen.

In der Konsequenz bemühte sich die Treuhand einerseits um
beschleunigte Privatisierungen, um den Staat aus der Verantwortung für die Unternehmen der kollabierenden Wirtschaft zu
bringen. Andererseits verschoben sich in ausgewählten Fällen
die Prioritäten: Anfang 1993 beschloss die Bundesregierung,
«industrielle Kerne» zu sichern und zu erneuern. Gefördert
wurden unverzichtbare Arbeitgeber in der Region, von denen
auch Zulieferer abhingen, so etwa die Ostseewerften, EKO-
Stahl in Brandenburg, SKET Schwermaschinen- und Anlagen-
bau in Magdeburg oder Maschinenbaufirmen in Sachsen. Auf
diese Weise gelang die Privatisierung schwieriger Fälle, allerdings unter immensem finanziellem Aufwand: Für Teile der
Buna, der Sächsischen Olefinwerke und der Leuna-Polyolefine
wurden 10 Milliarden D-Mark staatlicher Beihilfen für 5600
Mitarbeiter, mithin fast 1,8 Millionen D-Mark pro Arbeitsplatz
investiert.

Als die Treuhandanstalt am 31. Dezember 1994 ihr operati-
ves Geschäft abschloss, war dies nicht zuletzt ein symbolischer
Akt, da ihre Aufgabe nicht vollständig erfüllt war, die Anstalt
vielmehr in die «Bundesanstalt für vereinigungsbedingte Son-
deraufgaben» überführt wurde. Doch verschwand die im Osten
ungeliebte Treuhand, die für die Deindustrialisierung verantwortlich gemacht wurde, aus dem öffentlichen Bewusstsein.

In der quantitativen Bilanz hatte die Treuhand 1990/91 zunächst 25 000 Handelsgeschäfte, Gaststätten und Hotels verkauft. Bis Ende 1994 hatte sie dann von den 12 162 Unternehmen, die vorwiegend aus den ehemaligen Kombinaten entstanden waren, 3718 (30,6 Prozent) stillgelegt, 6546 (53,8 Prozent)
privatisiert, 1588 (13,1 Prozent) an Alteigentümer zurückgege-

ben und 310 Unternehmen (2,6 Prozent) in kommunale Trägerschaft überführt. In hohem Maße gingen die privatisierten Betriebe in westdeutschen Besitz über, wo sie in bestehende Unternehmen und deren Rentabilitätskalkulationen eingepasst wurden, die ihrerseits in den neunziger Jahren unter den wachsenden Druck der Globalisierung und in den Sog des nach Deutschland vordringenden, an kurzfristigen Gewinninteressen der Anteilseigner orientierten Unternehmensprinzips des *shareholder value* gerieten.

Mit den ostdeutschen Standorten wurde dabei sehr unterschiedlich verfahren. In hohem Maße wurden sie zu «verlängerten Werkbänken», zu Filialbetrieben ohne eigene Abteilungen für Forschung und Entwicklung. 1999 hatten nur acht der 550 größten deutschen Unternehmen ihren Hauptsitz in den neuen Ländern, in denen sich somit Züge einer Dependenzwirtschaft ausbildeten, während sich vor allem kleinere Betriebe in ostdeutschen Händen befanden.

Die Treuhandanstalt hatte ihren Privatisierungsauftrag binnen gut vier Jahren erfüllt und einen umfassenden Strukturwandel herbeigeführt, allerdings zu weit höheren Kosten als 1990 erwartet. Statt aus den Privatisierungen die erhofften 600 Milliarden D-Mark zu erlösen, schloss die Treuhandanstalt mit einem Defizit von 230 Milliarden D-Mark, das von den Steuerzahlern zu tragen war. Dass sich die Differenz zwischen erwartetem Erlös und tatsächlichem Abschluss der Treuhandanstalt auf sage und schreibe 830 Milliarden D-Mark belief, zeugt von der Dimension sowohl der Herausforderung durch die deutsche Einheit als auch der Fehleinschätzung jener Situation, für die freilich jeder historische Vergleichsmaßstab fehlte.

Insofern lag das Problem der Treuhandanstalt weniger in ihrem Handeln – dass konkrete Fehlentscheidungen getroffen wurden, war unvermeidlich und, so Dieter Grosser, auch eher die Ausnahme. Das grundsätzliche Problem lag vielmehr in ihrem Auftrag samt seinen Voraussetzungen: «die verwaltende Zerstörung der wirtschaftlichen Illusionen» von 1990 (Wolfgang Seibel).

Nach dem Deindustrialisierungsschock 1990/91 währte die erste Phase des Zusammenbruchs bis Ende 1994. Zugleich aber setzte bereits im Sommer 1991 eine zweite Phase der Erneuerung ein: Bis 1995 ging der Strukturwandel mit Wachstumsraten von jährlich ca. 8 Prozent in einem Maße voran, wie es für einen erfolgreichen Aufholprozess erforderlich war. 1995 aber erlitt die Bauwirtschaft, durch den steuerbegünstigten Bauboom bis dahin Lokomotive der ostdeutschen Entwicklung, einen schweren Rückschlag. Allgemein gingen die Investitionen zurück, vor allem im industriellen Sektor, und fielen im Folgenden weit unter westdeutsches Niveau; zwischen 1996 und 2004 stieg das Bruttoinlandsprodukt je Einwohner nur noch von 62 auf 64 Prozent des Westniveaus. Mitte der neunziger Jahre kam der ostdeutsche Aufholprozess ins Stocken und ging in eine dritte Phase der Abflachung bzw. der Seitwärtsbewegung über.

Allen Indikatoren zufolge war es nicht gelungen, nach dem Zusammenbruch der DDR-Wirtschaft selbsttragende neue Strukturen und eine hinreichend leistungsfähige Industrie aufzubauen, zumal die Märkte über Jahrzehnte hinweg unter hochdifferenzierten westlichen Unternehmen aufgeteilt worden waren und die neuen Länder nicht, wie andere osteuropäische Länder, als Niedriglohngebiet konkurrieren konnten. Die Branchen, die in der DDR einen besonders hohen Anteil am Bruttoinlandsprodukt gehalten hatten – Textil, Chemie, Maschinen- und Schiffbau – besaßen wenig Zukunftsperspektiven innerhalb eines gesamteuropäischen Strukturwandels hin zur tertiarisierten Industriegesellschaft des digitalen Zeitalters. Der dafür zentrale, in der DDR unterentwickelte Dienstleistungssektor entwickelte sich demgegenüber weniger als erwartet. Die neuen Länder wurden in hohem Maße zu strukturschwachen Regionen.

Als ökonomisches, sozialstrukturelles und sozialpsychologisch-kulturelles Hauptproblem erwies sich die dauerhafte Massenarbeitslosigkeit. Binnen zweier Jahre nach der Währungs- und Wirtschaftsunion ging die Zahl der Beschäftigten in der ehemaligen DDR um mehr als ein Drittel zurück. Die Zahl der Arbeitslosen stieg in Ostdeutschland (einschließlich Berlins) von offiziell null über eine Million im Jahr 1991 auf mehr als 1,5 Millionen im Jahr 1997, und 2003 überschritt die Arbeitslosenquote gar die 20-Prozent-Marke; sie lag dauerhaft etwa doppelt so hoch wie in Westdeutschland. Die Arbeitslosigkeit in den neuen Ländern bewegte sich etwa in der Größenordnung ebenjener unproduktiven Scheinbeschäftigung, mit der sich die DDR wirtschaftlich ruiniert hatte. Insofern war die Arbeitslosigkeit in erster Linie eine Folgewirkung der sozialistischen Planwirtschaft. Jedoch gelang es nicht, den Beschäftigungsabbau der Jahre 1990 bis 1992 durch einen selbsttragenden Aufschwung wieder auszugleichen.

Alles in allem blieb die ökonomische Entwicklung weit hinter den ursprünglichen Erwartungen zurück – und verlief zugleich nicht so desaströs, wie es in der öffentlichen Diskussion oftmals den Anschein hatte. Ein Kapitalstock wurde aufgebaut und der gesamtwirtschaftliche Strukturwandel kam voran, wenn auch zu hohen Kosten und unter erheblicher Ausweitung der Staatstätigkeit. Die Entwicklung verlief nach Regionen und Branchen sehr unterschiedlich. Einerseits blieben Brachen, und im ländlichen Raum entstanden wegzugsbedingte Wüstungen; andererseits fanden einzelne Wachstumszentren durchaus Anschluss an den Westen.

Mit einer Arbeitsproduktivität von 70 bis 80 Prozent des westdeutschen Niveaus lag die wirtschaftliche Leistungsfähigkeit in den neuen Ländern im Jahr 2007 weit über allen anderen ehemaligen sozialistischen Planwirtschaften, allein schon zweieinhalbmal so hoch wie im von der Ausgangslage her ähnlichen Tschechien. «Dies zeigt vor allem eines: Der Aufholprozess ist sehr schwierig und langwierig. Alle Vorstellungen von schneller Konvergenz zwischen dem postsozialistischen Mittel- und Osteuropa und dem Westen sind illusorisch» (Karl-Heinz Paqué). Vor diesem Hintergrund wird deutlich, welche Aufbauleistung in den neuen Ländern erbracht wurde. Verkehrswege, Kommunikationsnetze und die Infrastruktur der neuen Länder wurden auf den neuesten Stand gebracht, Verwaltungen, Bildungseinrichtungen und überhaupt die Institutionen modernisiert. «Blühende Landschaften» entstanden von Rostock bis Dresden vor

allem in Form städtebaulicher Kostbarkeiten und sanierter Bau-
werke ersten Ranges.

Und dass die desaströsen Umweltbedingungen dramatisch
verbessert wurden, kam der allgemeinen Lebensqualität ebenso
zugute wie ein allgemeiner Wohlstandsschub. Selbst für die Verlierer der Einheit traf Helmut Kohls Prognose in materieller
Hinsicht weitgehend zu: es werde in Ostdeutschland «nieman-
dem schlechter gehen als zuvor – dafür vielen besser».

3. Gesellschaft im Umbruch

Während sich für die westdeutsche Gesellschaft durch die deutsche Einheit nicht viel ändern sollte und zunächst auch nicht
sichtlich änderte, bevor eine Stagnation der Wohlstandsent-
wicklung auf insgesamt hohem Niveau fühlbar wurde, blieb in
den neuen Ländern kaum etwas, wie es gewesen war.

Die Gesellschaft der DDR hatte, wie es eine Studie des Insti-
tuts für Sozialdatenanalyse Ende Mai 1990 formulierte, «insgesamt in einer ‹Zwischenmoderne›» gelebt. Mit einem Schlag
wurde sie nun aus dem abgeschotteten Stillstand einer übersub-
ventionierten planwirtschaftlichen Fürsorgediktatur, die auf
einer retardierten schwerindustriellen Stufe der modernen industriellen Entwicklung stehengeblieben war, in die Turbulenzen eines marktwirtschaftlich-pluralistischen Wirtschafts- und
Gesellschaftssystems mit all seinen Freiheiten und Risiken und
der Veränderungsdynamik des mikroelektronischen Zeitalters
gestoßen. Zugleich wurde sie von der heraufziehenden und
durch den Zusammenbruch des Ostblocks befeuerten Globalisierung erfasst, die ein nochmals deutlich höheres Maß an Ver-
änderungsgeschwindigkeit und Flexibilisierungsbedarf mit sich
brachte. Ostdeutschland war zu einem doppelten Modernisie-
rungssprung von einem besonders niedrigen Ausgangspunkt
aus gezwungen.

Dieser Wandlungsprozess erfasste praktisch alle Lebensberei-
che und wirbelte vertraute Strukturen und Erfahrungen der gesamten Lebenswelt durcheinander: von der Notwendigkeit der
Kaufentscheidung zwischen verschiedenen Konsumprodukten

und den Anforderungen der Sozialversicherung, des Steuersystems und der bundesdeutschen Rechtsverhältnisse über die Erschütterung von Karriereperspektiven und Lebensplanungen bis hin zur Umwertung (fast) aller Werte, einschließlich der Entwertung bisheriger Qualifikationen. Die Wiedervereinigung forderte von den Menschen in der DDR radikale Umorientierungen und immense Anpassungsleistungen. Freiheit im westlichen Sinne war erst zu lernen – von einem «Freiheitsschock» sprach György Dalos im Hinblick auf die osteuropäischen Transformationsgesellschaften. Und zugleich war sie mit dem Verlust von gewohnten Sicherheiten verbunden, allen voran der Sicherheit des Arbeitsplatzes, der in der Wertehierarchie der Ostdeutschen höher rangierte als in der Sozialkultur des Westens.

Unterdessen verbesserte sich die alltägliche Versorgung ab dem 1. Juli 1990 schlagartig. Binnen kurzer Zeit entstand eine Konsumwelt nach dem Muster westlicher Wohlstandsgesellschaften, ohne dass gleiche Bedingungen zwischen Ost und West geherrscht hätten – vor allem im Hinblick auf Vermögen und Immobilienbesitz blieben die Ostdeutschen dauerhaft zurück. Nichtsdestoweniger stieg der materielle Lebensstandard in der gesamten Bevölkerung, allerdings in unterschiedlichem Maße, sprunghaft und auch deutlich über die Produktivität hinaus an. Vor allem bewirkten die erheblich ansteigenden durchschnittlichen Gehälter eine «nachholende Einkommensexplosion» – wie auch immer man es rechnet: Das Nettoeinkommen eines Einpersonen-Arbeitnehmerhaushaltes erhöhte sich zwischen 1989 und 1994 um rund 70 Prozent, das eines Dreipersonen-Arbeitnehmerhaushaltes um 55 Prozent. Gewinner der Einheit waren die Erwerbstätigen, die einen Arbeitsplatz besaßen, und die Rentner, deren Renten, nach sprunghaften Erhöhungen in den ersten Jahren nach 1990, oftmals über den Westrenten lagen, zumal bei Rentnerehepaaren.

Zugleich wandelte sich die Beschäftigungsstruktur grundlegend, vor allem durch den Abbau der ebenso umfangreichen wie unproduktiven personellen Überbelegungen der zentral gelenkten DDR-Wirtschaft. Eine besonders radikale nachholende

Modernisierung erlebte die Landwirtschaft, deren Personalbe-
stand zwischen 1989 und 1996 um fast vier Fünftel, von
976 000 auf 210 000 zurückging. Einschneidend erfasste der
Abbau personeller Überkapazitäten auch das produzierende
Gewerbe, dessen Beschäftigtenzahl zwischen 1989 und 1996
um mehr als die Hälfte von 4,39 auf 2,14 Millionen zurückging, während in Handel und Verkehr ein gutes Viertel, von 1,5
auf 1,1 Millionen, abgebaut wurde. Obwohl auch der Öffentliche Dienst um über ein Drittel von 2,2 auf 1,4 Millionen Beschäftigte zurückgefahren wurde, stellte er dennoch eine der
«Ruhezonen» in den Stürmen der Transformation dar. Verwal-
tungsangehörige, Lehrer und Polizisten wurden in den Dienst
der neuen Länder übernommen, soweit sie nicht durch Mitar-
beit bei der Staatssicherheit belastet waren, die in der Regel,
wenn auch nicht immer, zum Ausschluss von öffentlichen Be-
schäftigungsverhältnissen führte. Eine Zunahme der Beschäftig-
tenzahlen war indes allein im Bereich der Dienstleistungsunter-
nehmen zu verzeichnen, wo sie sich mit einem Anstieg von
619 000 auf 1,36 Millionen bis 1996 mehr als verdoppelten,
freilich den Personalabbau von über 4,1 Millionen Stellen in
den anderen Sektoren nur zu einem knappen Sechstel wettma-
chen konnten.

Dieser Strukturwandel beließ bis 1993 nur 29 Prozent der Beschäftigten an dem Arbeitsplatz, an dem sie auch im November
1989 tätig gewesen waren. Deutlich über zwei Drittel hingegen
erlebten eine berufliche Veränderung – was vor dem Hintergrund der Traditionen der DDR insofern ein besonderes Problem darstellte, als Stellenwechsel allgemein sehr selten gewesen
waren. Der Betrieb war für die Werktätigen viel mehr als nur
ein Ort der Arbeit und der Produktionsabläufe, sondern zugleich Ort der sozialen Gemeinschaft: der gesellschaftlich-politischen Arbeit, der Lebensgestaltung und der Organisation von
Kinderbetreuung, Urlaub und Kultur. Da die Betriebe als Institutionen von der Transformation in eine Marktwirtschaft besonders betroffen waren, schlug die Wirtschaftsunion auch im
Bereich der Sozialbeziehungen und der alltäglichen Lebenspra-
xis unmittelbar auf den Alltag der Menschen durch.

Das Hauptproblem, in ökonomischer, sozialer und kulturel-ler Hinsicht, war dabei das «exzessive Maß an Arbeitslosigkeit» (Hans-Werner Sinn), für die Betroffenen ohnehin, aber darüber hinaus auch für die von ihr Bedrohten. Die Arbeitslosen waren, trotz der materiellen Grundsicherung durch die sozialen Siche-rungssysteme, vom Aufholprozess der ostdeutschen Gesell-schaft weitgehend ausgeschlossen. Zu der existentiellen materi-ellen Bedeutung der Arbeitslosigkeit im gesamten Umstellungs-prozess kam eine besondere sozialpsychologische Dimension hinzu: Die ostdeutschen Beschäftigten waren an den lebenslang sicheren Arbeitsplatz gewöhnt. Nun machten sie nicht nur die ungekannte Krisenerfahrung, den Arbeitsplatz zu verlieren, sondern obendrein den gesamten lebensweltlichen Zusammen-hang des Betriebs.

Mit der Wiedervereinigung differenzierte sich die stark nivel-lierte Sozialstruktur der DDR aus, und die soziale Ungleichheit innerhalb der neuen Länder nahm zu, freilich auf einem insge-samt höheren Niveau als zuvor und in einem geringeren Maß als in den alten Ländern. Sozialstrukturelle Daten sind indessen das eine – die gefühlte, als solche wahrgenommene Realität ist das andere, und oft wirkmächtigere.

Das Institut für Sozialdatenanalyse machte am Vorabend der Wiedervereinigung eine «spezifische sozio-kulturelle Identität» der DDR-Gesellschaft aus. Die ostdeutsche Grundstimmung im Frühjahr 1990 wurde als ambivalent erfasst und von vielen Sei-ten als zunehmend verunsichert und negativ beschrieben. Die Untersuchung kam zu dem Schluss, «dass souveräne Lebensge-staltung vielfach neu erlernt werden muss und Nachwirkungen systembedingter indifferenter Lebenshaltungen erst allmählich abgebaut werden können». Die Mehrheit der Gesellschaft sei «mental auf den eingeleiteten Übergang zur Marktwirtschaft nicht genügend vorbereitet».

Nach 1990 wurde angesichts offenkundiger Gegensätze zum Westen die Frage diskutiert, ob sich eine eigene Ost-Identität herausgebildet habe und worauf diese zurückzuführen sei. Auf der einen Seite wurden sozialisierte vormundschaftliche Dispo-

sitionen namhaft gemacht. Auf der anderen Seite wurden in erster Linie situative Bedingungen, insbesondere enttäuschende
Erfahrungen der Ostdeutschen im wiedervereinigten Deutschland benannt. Letztlich ist wohl eine Verbindung von beidem
anzunehmen: ein aus der DDR überkommenes und verinnerlichtes «Gefühl der Sicherheit, das in Kombination mit der
Mangelwirtschaft den Leistungswillen beeinträchtigte» (Hans
Joachim Meyer), samt der, wie es ein ostdeutscher Arbeitspsychologe formulierte, «erlernten Hilflosigkeit» vieler DDR-Bürger auf der einen Seite – und zugleich schwierige Rahmenbedingungen für Eigeninitiative und Selbständigkeit auf der anderen.

In der Umstellungs- und Orientierungskrise, die mit der Wiedervereinigung über die Ostdeutschen hereinbrach, verband
sich der fundamentale Verlust der Sicherheit mit unrealistisch
hohen Erwartungen schnellen Wohlstands an den Staat und an
den Westen, der diese Erwartungen freilich seinerseits schürte.
Zudem wurde die sprunghafte Verbesserung der materiellen Bedingungen sehr viel weniger am Status quo von 1989 in der
DDR oder auch an der Entwicklung in den anderen Transformationsgesellschaften Osteuropas gemessen als vielmehr im
Vergleich zum bundesdeutschen Westen und im Hinblick auf
den verbleibenden Rückstand. Eine empirisch messbare Kultur
der Unzufriedenheit und ein Gefühl der Benachteiligung machten sich breit. Doch es ging nicht nur um die materielle Dimension: Empfunden wurde vor allem eine Entwertung der ostdeutschen Biographien und der Ostdeutschen als sozialer Gruppe
durch die westliche Dominanz, die sich insbesondere nach dem
3. Oktober 1990 manifestierte, und somit eine Verletzung der
eigenen Würde.

Die sogenannte «Ostalgie» hatte verschiedene Gründe: Sie
war trotzige, auch realitätsverweigernde Reaktion auf die unerwarteten Schwierigkeiten des Einigungsprozesses, Selbstbehauptung und Abgrenzung gegen den Westen als Kompensation für gefühlte Unterprivilegierung und somit Teil einer
ostdeutschen «Abgrenzungsidentität», sie war in vielem auch
eine ganz normale lebensweltliche Nostalgie. Zugleich reflektierte sie eine im wörtlichen Sinne utopische Sehnsucht nach

Sicherheit und vermeintlicher Geborgenheit im rauen Wind der freien Marktwirtschaft und in den Stürmen der Globalisierung – und spiegelte somit die Schwierigkeiten mit der 1989 erkämpften Freiheit wider.

4. Die Kosten der Einheit

Als die Bonner Regierung der DDR am 7. Februar 1990 das Angebot einer Wirtschafts- und Währungsunion machte, ging nicht nur der Bundesfinanzminister davon aus, die Kosten «angesichts der erreichten starken wirtschaftlichen Dynamik [...] weitgehend aus unseren Sozialproduktzuwächsen finanzieren» zu können, zumal sich die deutsche Einheit «als zusätzliches Wachstumsprogramm erweisen» werde. Kurzfristige «Sonderopfer unserer Arbeitnehmer und Unternehmer» wurden hingegen mit Rücksicht auf die mangelnde «politische Akzeptanz derartiger Realeinkommenstransfers» nicht vorgesehen.

Im Laufe des Einigungsprozesses aber taten sich immer größere Löcher im Haushalt sowie in der Wirtschaftskraft und somit bei den zu erwartenden Einnahmen der DDR auf. Selbst die führenden wirtschaftswissenschaftlichen Institute rechneten jedoch im ungünstigsten Falle mit einem Gesamtvolumen von nicht mehr als 750 Milliarden D-Mark und somit etwa 50 Milliarden jährlich an erforderlichen Unterstützungsleistungen für die DDR bzw. die neuen Länder – was als wirtschaftlich vertretbar angesehen wurde. All diesen Kalkulationen lag freilich die Erwartung zugrunde, privates Kapital werde in großen Strömen in die neuen Länder fließen und die Treuhand werde entsprechende Privatisierungserlöse schaffen. Diese Fehleinschätzungen des nachmals eingetretenen Verlaufs lagen also nicht allein auf Seiten der Politik, sondern entsprachen einer allgemeinen Erwartungshaltung im Hinblick auf die ökonomischen Aussichten der deutschen Einheit.

Die ursprüngliche Bonner Hoffnung ging dahin, mit dem «Sonderfonds Deutsche Einheit», der im Umfeld des ersten Staatsvertrags beschlossen wurde, die Kosten für die Anschubfinanzierung geleistet zu haben; die Länder gingen jedenfalls, was ihren Part betraf, strikt davon aus. Der Fonds stellte 115 Milliarden D-Mark bis Ende 1994 zur Verfügung und sollte zu 20 Milliarden aus Einsparungen des Bundes finanziert werden, der Rest durch je zur Hälfte von Bund bzw. Ländern und Gemeinden getragene Kredite; im Gegenzug sollten die neuen Länder bis 1995 nicht in den Länderfinanzausgleich einbezogen werden. Damit waren zwei Vorzeichen für die Finanzierung der deutschen Einheit gesetzt: zum einen die weitgehende Finanzierung auf dem Kreditweg, vor allem über vom regulären Haushalt abgetrennte Sonderfonds, zum anderen die Belastung hauptsächlich des Bundes.

Die deutsche Einheit verschlang astronomische Summen, deren Ausmaß niemand vorhergesehen hatte. Die Gesamthöhe der Transfers ist dabei gar nicht genau bezifferbar, da sie nicht im Einzelnen als solche ausgewiesen, sondern auf verschiedene Posten verteilt und vielfach in allgemeine Positionen integriert waren. Die Nettotransfers für den materiellen Aufbau der neuen Länder und die sozialstaatlichen Leistungen dürften sich bis 2006 auf eine Größenordnung von ca. 1200 bis 1400 Milliarden Euro belaufen und jährlich zwischen vier und fünf Prozent des westdeutschen Bruttoinlandsprodukts ausgemacht haben. Sie liegen somit «in weltweit einmaliger Größenordnung» (Dieter Grosser).

Das Hauptproblem neben der unerwarteten Dimension war dabei, dass der «optimale Mix von Einsparungen, Abgabenerhöhungen und Kreditfinanzierung» (Thilo Sarrazin, seinerzeit Referatsleiter im Bundesfinanzministerium) verfehlt wurde. Dass die zusätzlichen Kosten für die Einheit – trotz Einsparungen und Steuererhöhungen – überwiegend auf dem Kreditweg finanziert wurden, führte, erstens, dazu, dass sich die öffentlichen Schulden zwischen 1989 mit einem Anstieg von 929 auf 2125 Milliarden D-Mark mehr als verdoppelten. Diese Finanzierung ging vor allem zu Lasten des Bundes, dessen Schulden bis zum Ausbruch der Finanzkrise 2008 auf über 1500 Milliarden Euro anstiegen, und insgesamt auf Kosten späterer Haftungsträger, sprich: künftiger Generationen. Darüber hinaus wurde, zweitens, die soziale Absicherung des Transformationsprozesses – Arbeitslosenunterstützung und Renten, zumal die Frühverrentungen –, die zwischen 1991 und 1995 immerhin fast ein Viertel der Transferleistungen ausmachte, durch die Versicherten der Arbeitslosen- und der Rentenversicherung getragen. Dies setzte die Teufelsspirale des beitragsfinanzierten Sozialstaats in Gang: Erhöhte Sozialabgaben steigerten die Arbeitskosten, und diese wiederum führten zu steigender Arbeitslosigkeit, die abermals höhere Sozialausgaben bei geringeren Beitragseinnahmen erforderte. Die so konzipierte Sozialunion federte die gravierenden materiellen Folgen der ostdeutschen Transformation ab und verhinderte soziale Erschütterungen. Zugleich aber überlastete sie die angesichts des gesamtwirtschaftlichen und gesellschaftlichen Strukturwandels ohnehin reformbedürftigen Sicherungssysteme der Bundesrepublik vollends. Schließlich wurde wiederholt moniert, dass die Transfers in die neuen Länder, weil sie für allgemeine Finanzzuweisungen, Subventionen, Arbeitsmarktpolitik und Sozialleistungen verwendet wurden, in einem zu geringen Maße für Investitionen eingesetzt wurden, um die Produktivitätslücke gegenüber dem Westen zu schließen.

Mit der deutschen Einheit stieg die Staats- und die Sozialleistungsquote signifikant an. Das Erbe der Einheit lag nicht zuletzt in einer erheblich angewachsenen Staatstätigkeit in Deutschland. Zugleich hatte sich das Land mit der deutschen Einheit zu den Konditionen von 1990 – schnelle Angleichung im Osten, keine Wohlstandseinbußen im Westen – strukturell übernommen. Die Frage ist nur: Gab es eine Alternative?

5. Alternativen?

Nach dem Sturz der SED-Herrschaft in der DDR stellten sich grundsätzlich drei Anforderungen: erstens einen freiheitlich-demokratischen, pluralistischen Rechtsstaat zu errichten, zweitens die materiellen Lebensbedingungen signifikant zu verbessern und drittens die Massenabwanderung zu stoppen. Letztere hing mit der Sonderbedingung zusammen, durch die sich die DDR von allen anderen Staaten des Ostblocks unterschied: die

Existenz der Bundesrepublik als der grundlegenden System-alternative mitsamt der staatsrechtlich garantierten Möglichkeit für die Ostdeutschen, individuell überzusiedeln oder kollektiv beizutreten.

Als Alternativen zur schnellen Wiedervereinigung unter mög-lichst vollständiger Übertragung der bundesdeutschen Ordnung auf die DDR wurden grundsätzlich vier Optionen vorgebracht: Eine eigenständige, reformierte DDR als «sozialistische Alter-native zur Bundesrepublik», wie sie weite Kreise der Oppositi-onsbewegung wünschten, hätte sicher eine freiheitliche Demo-kratie werden können. Aber sie hätte die materiellen Ziele ver-fehlt und wäre wirtschaftlich kaum lebensfähig gewesen, wie überhaupt die ökonomische Dimension nicht wirklich im Blick-feld der Oppositionsbewegung lag. Die Folge wäre eine weitere Massenabwanderung gewesen, und unabhängig davon sprach sich auch die Mehrheit der Ostdeutschen gegen eine solche eigenstaatliche Lösung aus – was auch für die weiteren Alterna-tiven gilt.

Ganz aus der ökonomischen Räson geboren war demgegen-über die zweite Option, die von westdeutschen Wirtschafts-experten vertreten wurde. Insbesondere der Sachverständigen-rat zur Begutachtung der gesamtwirtschaftlichen Entwicklung, der die problematischen Auswirkungen einer schnellen Wäh-rungsunion zutreffend prognostizierte, plädierte für eine suk-zessive wirtschaftliche Angleichung der DDR-Wirtschaft an die Bundesrepublik, die mit einem schrittweisen Übergang zur staatlichen Einheit koordiniert werden sollte. Dies war jedoch ohne die gesellschaftlich-politischen Bedingungen gedacht. Eine solche Stabilisierungs- und Angleichungspolitik hätte nämlich einen geschlossenen Wirtschaftraum vorausgesetzt, in dem das Lohnniveau bei einem Bruchteil des westdeutschen gelegen hät-te. Dieser wäre jedoch von vornherein durch die bundesdeut-sche Exit-Option der Ostdeutschen durchlöchert gewesen, und auch in diesem Falle wäre der Übersiedlerstrom nicht zu stop-pen gewesen, im Gegenteil: Mit dem Satz «Kommt die D-Mark, bleiben wir – kommt sie nicht, gehn wir zu ihr» makulierte die gesellschaftliche Realität die ökonomische Theorie.

Eine dritte Option stammte vom sozialdemokratischen Kanzlerkandidaten von 1990, Oskar Lafontaine, der Kohls zu optimistische Annahmen scharf kritisierte. Lafontaines Alternative sah einen aktuellen Verzicht auf eine schnelle Währungsunion und die Integration einer staatlichen Einheit in eine spätere europäische Lösung vor. Der DDR sollten vielmehr zunächst, im Rahmen des für die westdeutschen Wähler Akzeptablen, voraussetzungslose Finanzhilfen zur Verfügung gestellt werden, um damit soziale Leistungen zu ermöglichen. Deren Rahmen wäre wohl weit enger gezogen gewesen als der Umfang der innerhalb des gemeinsamen Staates tatsächlich erbrachten Transfers. Zudem wären auf diese Weise unproduktive Strukturen in der DDR nur weiter subventioniert worden, so dass dieser Option nicht nur die westdeutsche Akzeptanz, sondern auch die ökonomische Perspektive gefehlt hätte.

Das galt schließlich auch für Hans Modrows Forderung nach einem bundesdeutschen Solidarbeitrag in Höhe von 10 bis 15 Milliarden D-Mark, der die DDR ökonomisch stabilisieren und ihr einen gleichberechtigten Eintritt in die Wiedervereinigung ermöglichen sollte. Angesichts der schließlich erbrachten Summen und angesichts des Zustands, in dem sich die Wirtschaft der DDR befand, war diese Vorstellung illusorisch. Unter den gegebenen Bedingungen der offenen Grenzen war selbst mit bundesdeutscher Hilfe eine ökonomische Stabilisierung der DDR aus eigener Kraft (und ein Stoppen der Massenabwanderung) gar nicht mehr möglich.

Keine der vorgeschlagenen Alternativen hat hinreichend plausibel machen können, wie der Prozess der deutschen Einheit und der marktwirtschaftlichen Transformation der DDR auf eine politisch realisierbare Weise mit signifikant geringerer Arbeitslosigkeit, ohne Absturz durch Deindustrialisierung, unter Aufbau selbsttragender ökonomischer Strukturen und mit deutlich geringeren finanziellen Belastungen hätte gestaltet werden können. Alles in allem eröffneten sich in diesem gewaltigen Transformationsprozess mit seiner komplexen Ausgangslage weniger konstruktive Alternativen als vielmehr unausweichliche Dilemmata: zwischen ökonomischer Vernunft und sozialer

Zumutbarkeit, zwischen juristischer Norm und historischer Realität, zwischen Recht und Moral, zwischen Aufarbeitung der Vergangenheit und Befriedung der Gegenwart. Immer wieder blieb, wie Lothar de Maizière resümierte, «nur die Wahl zwischen zwei schlechten Lösungen».

Institutionell gab es im Grundsatz keine tragfähige Alternative zur schnellen Einheit nach westdeutschem Muster. Nicht in der faktischen Unumgänglichkeit der grundsätzlichen Entscheidungen lag das zentrale Problem, sondern eher in den zu optimistischen Erwartungen sowie in grundlegenden Haltungen, nicht zuletzt über den 3. Oktober 1990 hinaus. Dabei geht es, in historischer Perspektive, um nicht weniger als Deutschlands «zweite Chance» (Fritz Stern).

Resümee:
Die deutsche Einheit in der Geschichte

«Wir sind das Volk» und «Wir sind ein Volk» – die Ziele der Bürgerbewegung in der DDR 1989 standen in der Tradition der bürgerlich-liberalen und der demokratischen Bewegung im 19. Jahrhundert: Volkssouveränität, Freiheit und nationale Einheit. Nachdem der erste revolutionäre Anlauf 1848/49 gescheitert war, wurden die Deutschen 1871 zwar *ein*, aber nicht *das* Volk. Ohne Volkssouveränität war das kleindeutsch geeinte Kaiserreich eine konstitutionelle Monarchie mit Vorrang des Monarchen, kein parlamentarisches und erst recht kein demokratisches politisches System, wenngleich die Volksvertretung über Mitwirkungsrechte verfügte und mit der Zeit an Bedeutung gewann. Um die Jahrhundertwende befanden sich die deutschen Dinge in der Schwebe: Einerseits ging der allgemeine Entwicklungstrend in Westeuropa hin zur parlamentarischen Demokratie, andererseits dämmten die herrschenden preußisch-deutschen Eliten ihn ein; einerseits entfaltete das Kaiserreich eine überschießende ökonomisch-technologische Dynamik und Modernität, andererseits verbreiteten sich Kulturpessimismus und Krisenstimmung, zeigten Nationalismus und Militarismus, Stärke und Nervosität, Angst und Anmaßung im politischen Auftreten die Krise der bürgerlichen Moderne an.

Der Ausbruch des Ersten Weltkrieges schien die Klärung drückender Uneindeutigkeit zu versprechen – und führte Deutschland in das Zeitalter der Katastrophen. Der 1. August 1914 markierte den wichtigsten Wendepunkt der europäischen und insbesondere der deutschen Geschichte im 19. und 20. Jahrhundert, als mit einem Schlag die fulminanten Entwicklungschancen dieses widersprüchlichen Landes zerbrachen. Mit der parlamentarischen Demokratie der Weimarer Republik erfüllte sich zwar eine der großen Hoffnungen des 19. Jahrhunderts – die

Deutschen waren jetzt *das* Volk, aber was für eines: Traumatisiert durch den verheerenden Krieg und die Niederlage, gedemütigt durch neuerliche Besetzung und Reparationslasten, weithin ruiniert durch Inflation und Weltwirtschaftskrise, wandten sich die Deutschen ab von Freiheit und Demokratie. In der verschärften Krise der Moderne wurde die Idee der Diktatur, wie Paul Valéry 1938 feststellte, «so ansteckend [...] wie im vorigen Jahrhundert die Idee der Freiheit».

Nicht nur die Freiheit, auch das elementare Recht ging in der nationalsozialistischen Diktatur mit ihrer vernichtungsbereiten Herrschaft der Gewalt und ihrem Rassismus unter. Sie richtete sich gegen Juden und andere Stigmatisierte nach innen, trieb weite Teil der kulturellen und wissenschaftlichen Eliten in einem nicht wiedergutzumachenden Aderlass aus dem Land und trug die deutsche Katastrophe schließlich im Vernichtungskrieg nach außen. Der Völkermord stürzte Europa und Deutschland in den Abgrund des Menschheitsverbrechens schlechthin. Binnen dreißig Jahren hatte Deutschland all seine Chancen vertan.

Nach dem Krieg wurden die Welt und Deutschland geteilt, den einen zum Wohl, den anderen zum Wehe. Die Bundesrepublik hatte Glück. Ungeachtet der deutschen Schuld und Verantwortung kam sie einigermaßen ungeschoren davon und konnte sich im Schatten der Teilung auf der westlichen Seite zur stabilen, wohlhabenden Demokratie entwickeln. Demgegenüber wurde die DDR unter sowjetischer Herrschaft durch Demontagen, Reparationen und Kontributionen verschiedenster Art ökonomisch ausgesaugt und auf die sozialistische Diktatur festgelegt. Zudem waren beide Staaten an der Nahtstelle des Ost-West-Konflikts der täglichen Bedrohung durch die nukleare Auslöschung ausgesetzt – und lebten zugleich im Auge des Taifuns vergleichsweise ruhig.

Von dieser weltpolitischen Konstellation hing auch die deutsche Frage ab. Denn erst als sich die Konstellation verschob, kam auch wieder Bewegung in die seit den sechziger Jahren stillgestellte deutsche Frage. Als der sowjetische Hegemon seinen neuen Kurs einschlug, eröffneten sich unerwartet neue, alte Möglichkeiten: «Wir sind das Volk» und «Wir sind ein Volk!»

Die deutsche Einigung von 1990 fand – bei allen Differenzen im Einzelnen – erstmals im Einklang mit den Nachbarn und nicht in jenem Zeichen kriegerischer Gewalt statt, in dem das moderne deutsche (und nicht nur das deutsche) Nationalbewusstsein von seiner Geburt im Aufstand gegen Napoleon 1813 bis zum Untergang von 1945 gestanden hatte. Das vereinigte Deutschland von 1990 war saturiert, und es vereinte erstmals Volkssouveränität und Freiheit, Einheit und Frieden – als gingen nach den katastrophischen Umwegen die Hoffnungen des 19. Jahrhunderts doch noch in Erfüllung.

Dabei ist die Welt des 21. Jahrhunderts eine ganz andere geworden. Schon die Wiedervereinigung von 1990 stand gegen die großen Tendenzen der Zeit, die sich mit Postmoderne, Europäisierung und Globalisierung vom Nationalstaat klassischer Prägung entfernten. In der entgrenzten Welt globalisierter Märkte und Ökonomien, sekundenschneller Informations- und Kapitalflüsse um den gesamten Erdball, angesichts neuartiger Bedrohungen und Risiken, Unübersichtlichkeiten und Abhängigkeiten stellen sich neue Anforderungen – weder das Denken der «alten Bundesrepublik» in den Kategorien automatischer Prosperität noch nostalgisch verklärte Traditionen unbezahlbarer sozialer Sicherheit werden sie meistern können.

Zugleich bedeutet Deutschlands «zweite Chance» ein historisches Vermächtnis. Die deutsche Revolution von 1989/90 war in erster Linie die Revolution der Bürger: für Freiheit und Selbstverantwortung anstelle von obrigkeitlichem Zwang und staatlicher Lenkung der Gesellschaft. Dies ist keine Selbstverständlichkeit. Demokratie und Wohlstand, Freiheit und Selbstverantwortung der Bürger, die ‹westlichen Werte› bleiben auch, ja gerade nach dem Ende des Ost-West-Konfliktes eine stete Herausforderung.

Abkürzungen

ABC-Waffen	atomare, biologische und chemische Waffen
AfNS	Amt für Nationale Sicherheit (der DDR)
ARD	Arbeitsgemeinschaft der öffentlich-rechtlichen Rundfunkanstalten der Bundesrepublik Deutschland
Art.	Artikel
CDU	Christlich Demokratische Union Deutschlands
ČSSR	Tschechoslowakische Sozialistische Republik
CSU	Christlich-Soziale Union
DDR	Deutsche Demokratische Republik
DM	Deutsche Mark
EG	Europäische Gemeinschaft
FDP	Freie Demokratische Partei Deutschlands
KPdSU	Kommunistische Partei der Sowjetunion
KSZE	Konferenz über Sicherheit und Zusammenarbeit in Europa
LDPD	Liberal-Demokratische Partei Deutschlands (der DDR)
MfS	Ministerium für Staatssicherheit
NATO	North Atlantic Treaty Organization
NVA	Nationale Volksarmee (der DDR)
PDS	Partei des Demokratischen Sozialismus
SED	Sozialistische Einheitspartei Deutschlands
SED-PDS	Sozialistische Einheitspartei Deutschlands – Partei des Demokratischen Sozialismus
SPD	Sozialdemokratische Partei Deutschlands
ZK	Zentralkomitee der SED bzw. der KPdSU

Anmerkungen zum Text

Der Text greift in der Argumentation und in Teilen auch in den Formulierungen auf meine «Geschichte der Wiedervereinigung» zurück, die 2009 unter dem Titel «Deutschland einig Vaterland» im Verlag C.H.Beck erschienen ist. Die Schreibweise der Quellenzitate wurde mit Rücksicht auf die Einheitlichkeit des Textes behutsam der neuen Rechtschreibung angepasst.

Kommentierte Auswahlbibliographie

Editionen

Documents on British Policy Overseas. Series III, Vol. VII: German Unification 1989–1990. Bearb. von Patrick Salmon, Keith Hamilton und Stephen Twigge. London 2009 (vor Ablauf der üblichen Sperrfristen publizierte Edition aus den Beständen des britischen Außenministeriums, die Thatchers und Mitterrands große anfängliche Skepsis ebenso belegt wie die mehr entgegenkommende Haltung des Foreign Office, die sich schließlich durchsetzte)

Dokumente zur Deutschlandpolitik. Deutsche Einheit. Sonderedition aus den Akten des Bundeskanzleramtes 1989/90. Bearb. von Hanns Jürgen Küsters und Daniel Hofmann. München 1998 (schon vor Ende der Regierungszeit Helmut Kohls publizierte Sonderedition von 430 Dokumenten aus den Beständen des Bundeskanzleramts, vor allem zur Rolle des Bonner Kanzleramts und von Bundeskanzler Kohl im Wiedervereinigungsprozess)

Die Einheit sozial gestalten. Dokumente aus den Akten der SPD-Führung 1989/90. Hg. von Ilse Fischer. Bonn 2009 (reflektiert die Breite der Positionen und die Zerrissenheit der westdeutschen SPD im Vereinigungsprozess)

Michail Gorbatschow i germanski wopros. Sbornik dokumentow. 1986–1991. Hg. von Alexander Galkin und Anatoli Tschernjajew. Moskau 2006. Dt. u. d. T.: Michail Gorbatschow und die deutsche Frage. Sowjetische Dokumente 1986–1991. Aus dem Russ. übertragen von Joachim Glaubitz und kommentiert von Andreas Hilger. München 2011 (Edition von zentralen Dokumenten, die schon auf sprachlicher Ebene Gorbatschows Unklarheit und mangelnde strategische Perspektive spiegeln)

Karl Kaiser, Deutschlands Vereinigung. Die internationalen Aspekte. Mit den wichtigen Dokumenten. Bergisch Gladbach 1991

Detlef Nakath/Gerd-Rüdiger Stephan, Countdown zur deutschen Einheit. Eine dokumentierte Geschichte der deutsch-deutschen Beziehungen 1987–1990. Berlin 1996

Detlef Nakath/Gero Neugebauer/Gerd-Rüdiger Stephan (Hg.), «Im Kreml brennt noch Licht». Die Spitzenkontakte zwischen SED/PDS und KPdSU 1989–1991. Berlin 1998 (dokumentiert die Kontakte zwischen der gescheiterten SED und der zerfallenden Kommunistischen Führung in Moskau vom Vorabend des Mauerfalls bis zur Wiedervereinigung)

Presse- und Informationsamt der Bundesregierung (Hg.), Deutschland 1989. Dokumentation zu der Berichterstattung über die Ereignisse in der DDR und die deutschlandpolitische Entwicklung. Bearb. von Anna Maria Kuppe. Bonn 1991

Presse- und Informationsamt der Bundesregierung (Hg.), Deutschland 1990. Dokumentation zu der Berichterstattung über die Ereignisse in der DDR und die deutschlandpolitische Entwicklung. Bearb. von Anna Maria Kuppe. Bonn 1993

Gerd-Rüdiger Stephan/Daniel Küchenmeister (Hg.), «Vorwärts immer, rückwärts nimmer!» Interne Dokumente zum Zerfall von SED und DDR 1988/89. Berlin 1994 (herausragende Dokumentation der Sprach- und Ratlosigkeit in der SED-Führung gegenüber der Bürgerbewegung und der friedlichen Revolution)

Texte zur Deutschlandpolitik. Hg. vom Bundesministerium für innerdeutsche Beziehungen. Reihe III / Bd. 5 (1987) – Bd. 8b (1990) (Sammlung der zentralen westdeutschen Texte zur Deutschlandfrage)

Uwe Thaysen (Hg.), Der Zentrale Runde Tisch der DDR: Wortprotokoll und Dokumente. 5 Bde. Wiesbaden 2000 (der westdeutsche Politikwissenschaftler war als Beobachter am Zentralen Runden Tisch der DDR zu Gast)

Treuhandanstalt. Dokumentation 1990–1994. 15 Bde. Red.: Robert Drewnicki. Berlin 1994

Die Verträge zur Einheit Deutschlands. Textausgabe mit Sachverzeichnis und einer Einführung. Hg. von Ingo von Münch. München [1990]

Selbstzeugnisse

Jacques Attali, Verbatim. Tome III: Chronique des années 1988–1991. Paris 1995 (quellenkritisch problematische, von Mitterrand nicht autorisierte, aber durch andere Quellenüberlieferungen durchaus gestützte Aufzeichnungen seines Beraters über die sehr kritische Haltung des französischen Präsidenten zur deutschen Wiedervereinigung)

George Bush/Brent Scowcroft, Eine neue Welt. Amerikanische Außenpolitik in Zeiten des Umbruchs. Berlin 1999 (Erinnerung an das Ende des Ost-West-Konflikts aus der Sicht des Weißen Hauses)

Hans-Dietrich Genscher, Erinnerungen. Berlin 1995 (die Erinnerungen sind, wie der Außenminister war: allgemein, im Zweifelsfall diplomatisch-vage und wenig kontrovers)

Michail Gorbatschow, Erinnerungen. Berlin 1995 (die oftmals wenig konzisen Erinnerungen neigen dazu, das Ungewollte nachträglich zum Beabsichtigten zu stilisieren)

Helmut Kohl, «Ich wollte Deutschlands Einheit.» Dargestellt von Kai Diekmann und Ralf Georg Reuth. Berlin 1996 (erstes der Memoirenbücher des um das Geschichtsbild bemühten Kanzlers der Einheit, der an seiner Rolle keinen Zweifel lässt)

Juli A. Kwizinski [im Titel: Julij Kwizinskij], Vor dem Sturm. Erinnerungen
eines Diplomaten. Berlin 1993 (der ehemalige Botschafter bzw. stellvertretende Außenminister offenbart den «surrealistischen Wust von Ideen»
im Kreml)

Hans Modrow, Aufbruch und Ende. 2. Aufl. Hamburg 1991 (Dokumentation der gescheiterten reformsozialistischen Hoffnung der SED)

Wolfgang Schäuble, Der Vertrag. Wie ich über die deutsche Einheit verhandelte. Stuttgart 1991 (Innenansichten des westdeutschen Verhandlungsführers beim Einigungsvertrag)

Horst Teltschik, 329 Tage. Innenansichten der Einigung. Berlin 1991 (die
nachträglich in Tagebuchform verfassten Aufzeichnungen von Kohls au
ßenpolitischem Berater sprechen Klartext)

Margaret Thatcher, Downing Street No. 10. Die Erinnerungen. Düsseldorf
1993 (Thatcher lässt auch nachträglich keinen Zweifel an ihrer Skepsis
über Deutschland und die Wiedervereinigung)

Anatoli Tschernjajew [im Titel: Tschernajew], Die letzten Jahre einer Weltmacht. Der Kreml von innen. Stuttgart 1993 (Innenansichten von Gorbatschows wachsender Perspektivlosigkeit aus der Sicht seines engsten
Beraters)

Literatur

Rafael Biermann, Zwischen Kreml und Kanzleramt. Wie Moskau mit der
deutschen Einheit rang. 2. Aufl. Paderborn 1998 (auch ohne Aktenzugang umsichtige Analyse der Moskauer Entscheidungsprozesse)

Frédéric Bozo, Mitterrand, the End of the Cold War, and German Unification. New York 2009 (zuerst Franz. 2005; Einordnung der Politik Mitterrands zur Wiedervereinigung zwischen den öffentlich kommunizierten
Extremen: keine uneingeschränkte Befürwortung, aber erst recht keine
versuchte Hintertreibung)

Archie Brown, Der Gorbatschow-Faktor. Wandel einer Weltmacht. Frankfurt a. M. 2000 (zuerst Engl. 1996; betont die Bedeutung des mit großen
Machtbefugnissen ausgestatteten Generalsekretärs und seiner Reformpolitik für den Zusammenbruch des sowjetischen Kommunismus)

György Dalos, Der Vorhang geht auf. Das Ende der Diktaturen in Osteuropa. München 2009 (umfassende Darstellung der Reform- und Freiheitsbewegungen und der Revolutionen in Osteuropa mit Schwerpunkt auf
Polen und Ungarn)

Martin Diewald/Anne Goedicke/Karl Ulrich Mayer (Hg.), After the Fall of
the Wall. Life Courses and the Transformation of East Germany. Stanford 2006 (Lebensverlaufsstudie anhand von 2900 Ostdeutschen zwischen 1990 und 1997/98, die den fundamentalen sozialstrukturellen und
gesellschaftlich-kulturellen Wandel nach der Wiedervereinigung dokumentiert)

Jürgen W. Falter/Oscar W. Gabriel/Hans Rattinger/Harald Schoen (Hg.),
Sind wir ein Volk? Ost- und Westdeutschland im Vergleich. München

2006 (sozialwissenschaftliche Beiträge v. a. zu «Ostalgie» und «Ost-Identität»)

Rainer Geissler, Die Sozialstruktur Deutschlands. Zur gesellschaftlichen Entwicklung mit einer Bilanz zur Vereinigung. 5. Aufl. Wiesbaden 2008 (umfassende und konzise sozialstatistische Analyse des Vereinigungsprozesses und des vereinten Deutschlands)

Geschichte der deutschen Einheit (detaillierte Gesamtdarstellung der Wiedervereinigung vorwiegend auf der Basis bundesdeutscher Regierungsakten und aus westdeutscher Perspektive)

Bd. 1: Karl-Rudolf Korte, Deutschlandpolitik in Helmut Kohls Kanzlerschaft. Regierungsstil und Entscheidungen 1982–1989. Stuttgart 1998

Bd. 2: Dieter Grosser, Das Wagnis der Währungs-, Wirtschafts- und Sozialunion. Politische Zwänge im Konflikt mit ökonomischen Regeln. Stuttgart 1998

Bd. 3: Wolfgang Jäger in Zusammenarbeit mit Michael Walter, Die Überwindung der Teilung. Der innerdeutsche Prozeß der Vereinigung 1989/90. Stuttgart 1998

Bd. 4: Werner Weidenfeld mit Peter M. Wagner und Elke Bruck, Außenpolitik für die deutsche Einheit. Die Entscheidungsjahre 1989/90. Stuttgart 1998

Handbuch des Staatsrechts der Bundesrepublik Deutschland. Hg. von Josef Isensee und Paul Kirchhof. Bd. IX: Die Einheit Deutschlands. Festigung und Übergang. Heidelberg 1997 (umfassendes Kompendium der staatsrechtlichen Aspekte)

Hans-Hermann Hertle, Der Fall der Mauer. Die unbeabsichtigte Selbstauflösung des SED-Staates. 2. Aufl. Opladen 1999 (zeitnah erschienene, nach wie vor detaillierteste Studie über die Vorgeschichte des Mauerfalls und den Zerfall der SED-Herrschaft, mit ausführlichem Dokumentenanhang)

Ilko-Sascha Kowalczuk, Endspiel. Die Revolution von 1989 in der DDR. München 2009 (kenntnisreiche und engagierte Darstellung der Endphase der DDR aus der Warte eines als Zeitzeuge beteiligten Historikers)

Mark Kramer, The Collapse of East European Communism and the Repercussions within the Soviet Union, in: Journal of Cold War Studies, vol. 5 no. 4 (2003), S. 3–42, vol. 6 no. 4 (2004), S. 3–64, und vol. 7 no. 1 (2005), S. 3–96

Hanns Jürgen Küsters, Das Ringen um die deutsche Einheit. Die Regierung Helmut Kohl im Brennpunkt der Entscheidungen 1989/90. Freiburg 2009 (ursprünglich der Einleitungstext zur Sonderedition und somit ganz auf den Akten des Kanzleramts gegründet)

Jacques Lévesque, The Enigma of 1989. The USSR and the Liberation of Eastern Europe. Berkeley 1997 (schildert den Zusammenbruch des sowjetischen Imperiums als unbeabsichtigte, aber keineswegs alternativlose Folge der außergewöhnlich idealistischen Reformpolitik Gorbatschows)

Andreas Oplatka, Der erste Riss in der Mauer. September 1989 – Ungarn öffnet die Grenze. Wien 2009 (quellenbasierte, dichte Beschreibung der Vorgeschichte der ungarischen Grenzöffnung vom 11. September 1989)

Karl-Heinz Paqué, Die Bilanz. Eine wirtschaftliche Analyse der Deutschen Einheit. München 2009 (sehr reflektierte Analyse der ökonomischen Probleme, Optionen und Folgen der Wiedervereinigung aus wirtschaftswissenschaftlicher Sicht)

Alexander von Plato, Die Vereinigung Deutschlands – ein weltpolitisches Machtspiel. Bush, Kohl, Gorbatschow und die geheimen Moskauer Protokolle. Berlin 2002 (Diplomatie der Wiedervereinigung auf Supermächteebene, v. a. auf der Grundlage sowjetischer Quellen und Zeitzeugengespräche)

Detlef Pollack, Der Zusammenbruch der DDR als Verkettung getrennter Handlungslinien, in: Konrad H. Jarausch/Martin Sabrow (Hg.), Weg in den Untergang. Der innere Zerfall der DDR. Göttingen 1999, S. 41–81 (überzeugende Kausalanalyse des Endes der DDR)

Gerhard A. Ritter (Hg.), Geschichte der Sozialpolitik in Deutschland seit 1945. Bd. 11: Bundesrepublik Deutschland 1989–1994. Sozialpolitik im Zeichen der Vereinigung. Baden-Baden 2007 (systematischer und detaillierter Überblick über die sozialpolitischen Handlungsfelder von der Alterssicherung bis zur Wohnungspolitik)

Gerhard A. Ritter, Der Preis der deutschen Einheit. Die Wiedervereinigung und die Krise des Sozialstaats. München 2006 (fundierte Darstellung vor allem der sozialpolitischen Aspekte des Wiedervereinigungsprozesses)

Andreas Rödder, Die Bundesrepublik Deutschland 1969–1990. (= Oldenbourg Grundriß der Geschichte 19a.) München 2004 (enzyklopädischer Überblick sowie Grundprobleme und Tendenzen der Forschung)

Andreas Rödder, Deutschland einig Vaterland. Die Geschichte der Wiedervereinigung. München 2009 (Gesamtdarstellung der deutschen Revolution von der Bürgerbewegung in der DDR bis zur internationalen Diplomatie)

Mary Elise Sarotte, 1989. The Struggle to Create Post-Cold War Europe. Princeton 2009 (Darstellung der Wiedervereinigung vor allem im Kontext der internationalen Beziehungen und der Staatenordnung am Ende des Ost-West-Konflikts)

Klaus Schroeder, Der SED-Staat. Partei, Staat und Gesellschaft 1949–1990. München 1998 (umfassende Darstellung des politischen Systems der DDR)

Wolfgang Seibel, Verwaltete Illusionen. Die Privatisierung der DDR-Wirtschaft durch die Treuhandanstalt und ihre Nachfolger 1990–2000. Frankfurt a. M. 2005 (umsichtige Darstellung der Treuhandanstalt, deren Problem weniger im konkreten Handeln als in einem nicht zufriedenstellend zu bewältigenden Auftrag lag)

Walter Süß, Staatssicherheit am Ende. Warum es den Mächtigen nicht gelang, 1989 eine Revolution zu verhindern. Berlin 1999 (gründlichste Untersuchung zur Rolle der Staatssicherheit, die an der Protestbewegung teilnahm, um die Bürgerbewegung zu unterwandern, und somit gerade beförderte, was sie verhindern wollte)

Karsten Timmer, Vom Aufbruch zum Umbruch. Die Bürgerbewegung in der DDR 1989. Göttingen 2000 (überzeugende Analyse der Protestbewegung in der DDR mit den methodischen Instrumenten der Soziale-Bewegungs-Forschung)

Hermann Wentker, Rezension: Friedliche Revolution und Wiedervereinigung in neuer Perspektive? Neuerscheinungen zum Umbruch in Deutschland, in: sehepunkte 9 (2009), Nr. 10 (Bestandsaufnahme der im Jubiläumsjahr 2009/10 publizierten Forschungen)

Wer war wer in der DDR? Ein Lexikon ostdeutscher Biographien. Hg. von Helmut Müller-Enbergs u. a., 2 Bde., 5. Aufl. Berlin 2010 (wichtigstes biographisches Lexikon zur Geschichte der DDR)

Andreas Wirsching, Abschied vom Provisorium 1982–1990. München 2006 (maßgebliche Analyse der Geschichte der Bundesrepublik vor der Wiedervereinigung)

Philip Zelikow/Condoleezza Rice, Sternstunde der Diplomatie. Die deutsche Einheit und das Ende der Spaltung Europas. Berlin 1997 (zuerst Engl. Cambridge, Mass. 1995: Germany Unified and Europe Transformed. A Study in Statecraft; zeitnah erschienene Darstellung der Wiedervereinigungspolitik zweier Beteiligter des amerikanischen Regierungsapparats vor allem aus amerikanischer Perspektive, auf der Grundlage regierungsamtlicher Quellen und mit wissenschaftlichem Anspruch)

Vladislav M. Zubok, A Failed Empire. The Soviet Union in the Cold War from Stalin to Gorbachev. Chapel Hill 2007 (Dokumentation von Gorbatschows Scheitern)

Zeittafel

29. November	Vier Prinzipien der US-Regierung
7. Dezember	Zusammentritt des Zentralen Runden Tisches der DDR in Ost-Berlin
8./9. Dezember	außerordentlicher Parteitag der SED – Wahl Gregor Gysis zum neuen Vorsitzenden
11. Dezember	Zusammentreffen der Botschafter der vier alliierten Siegermächte des Zweiten Weltkrieges in Berlin
19./20. Dezember	Besuch Helmut Kohls in Dresden
22. Dezember	Öffnung des Brandenburger Tors

1990

4. Januar	Besuch Helmut Kohls bei François Mitterrand in Latche
15. Januar	Sturm auf die Zentrale der Staatssicherheit in der Ost-Berliner Normannenstraße
26. Januar	Entscheidung der sowjetischen Führung, eine deutsche Wiedervereinigung zu akzeptieren
29. Januar	Rede Modrows vor der Volkskammer: die ökonomische Lage verschlechtere sich besorgniserregend
5. Februar	Erweiterung der DDR-Regierung um Vertreter der Opposition
7. Februar	Angebot einer Wirtschafts- und Währungsunion an die DDR durch die Bundesregierung
10./11. Februar	bundesdeutscher Regierungsbesuch in Moskau
13. Februar	Etablierung des Zwei-plus-Vier-Prozesses am Rande der Open-Skies-Konferenz in Ottawa
24./25. Februar	Besuch Helmut Kohls bei George Bush und James Baker in Camp David
18. März	Volkskammerwahlen in der DDR
12. April	Bildung der Regierung de Maizière
28. April	EG-Gipfel in Dublin
5. Mai	erste Zwei-plus-Vier-Ministerkonferenz in Bonn
16. Mai	Einrichtung des «Fonds Deutsche Einheit»
18. Mai	Unterzeichnung des ersten Staatsvertrags über die Wirtschafts-, Währungs- und Sozialunion
31. Mai	amerikanisch-sowjetischer Gipfel in Washington: Einverständnis Gorbatschows mit gesamtdeutscher NATO-Mitgliedschaft

17. Juni   Verfassungsgrundsätzegesetz der Volkskammer
22. Juni   zweite Zwei-plus-Vier-Ministerkonferenz in Ost-Berlin
1. Juli   Inkrafttreten der deutschen Wirtschafts-, Währungs-
                    und Sozialunion
2.–13. Juli   XXVIII. Parteitag der KPdSU
15./16. Juli   bundesdeutscher Regierungsbesuch in Moskau und im
                    Kaukasus
17. Juli   dritte Zwei-plus-Vier-Ministerkonferenz (zzgl. Polens)
                    in Paris
22. Juli   Ländereinführungsgesetz der Volkskammer
19. August   Bruch der Koalitionsregierung der DDR
23. August   Beschluss der Volkskammer über den Beitritt der DDR
                    zur Bundesrepublik zum 3. Oktober 1990
31. August   Unterzeichnung des Einigungsvertrags (zweiter Staats-
                    vertrag)
12. September   vierte Zwei-plus-Vier-Ministerkonferenz und Unter-
                    zeichnung des «Vertrags über die abschließende Rege-
                    lung in bezug auf Deutschland»
3. Oktober   Wiedervereinigung: Beitritt der Länder Mecklenburg-
                    Vorpommern, Brandenburg, Sachsen-Anhalt, Thürin-
                    gen und Sachsen sowie Ost-Berlins zum Geltungsbe-
                    reich des Grundgesetzes
14. Oktober   Parlamentswahlen in den neuen Bundesländern
2. Dezember   erste gesamtdeutsche Bundestagswahlen

                    1991
4. März   Ratifizierung des Zwei-plus-Vier-Vertrags durch die
                    Sowjetunion
19. August   Putsch gegen Gorbatschow
21. Dezember   Auflösung der Sowjetunion

                    1992
7. Februar   Vertrag von Maastricht

Personenregister

C.H.BECK ⊞ WISSEN

in der Beck'schen Reihe

Zuletzt erschienen: